重庆市重点学科经费资助；四川外国语大学重大招标项目“企业跨国经营战略中的管理哲学冲突研究（项目编号：sisu2011zd07）”资助

Study on the Cultural Conflicts in Cross-Border Operation between Enterprises

企业跨国经营中的文化冲突研究

杨柏　彭程　宋璐　著

图书在版编目（CIP）数据

企业跨国经营中的文化冲突研究/杨柏，彭程，宋璐著.—北京：经济管理出版社，2015.12

ISBN 978-7-5096-4200-9

Ⅰ.①企… Ⅱ.①杨…②彭…③宋… Ⅲ.①跨国公司—企业管理—研究 Ⅳ.①F276.7

中国版本图书馆 CIP 数据核字（2015）第 312236 号

组稿编辑：陆雅丽
责任编辑：陆雅丽　杜菲
责任印制：黄章平
责任校对：雨　千

出版发行：经济管理出版社
（北京市海淀区北蜂窝 8 号中雅大厦 A 座 11 层　100038）
网　　址：www.E-mp.com.cn
电　　话：（010）51915602
印　　刷：北京九州迅驰传媒文化有限公司
经　　销：新华书店
开　　本：710mm×1000mm/16
印　　张：12
字　　数：139 千字
版　　次：2015 年 12 月第 1 版　2015 年 12 月第 1 次印刷
书　　号：ISBN 978-7-5096-4200-9
定　　价：56.00 元

前言

在经济全球化的推动下，跨国经营的企业在国际贸易舞台上越来越活跃，但同时也面临着一个深刻而严峻的问题——文化冲突。跨国经营企业要想在竞争激烈的国际环境下生存，首先就要做到合理地处理文化差异所带来的难题，从小的方面如语言、手势等差异到大的方面如价值观、思想形态、意识的不同，这些差异都会对企业的经营起到至关重要的作用。

本书的整体思路是提出问题、分析问题、解决问题。

本书的第一章是绪论，首先展示了国内外不同学者对于企业跨国经营中的文化冲突的研究，同时提出问题——应如何把握国际化的趋势，让企业在跨国经营过程中合理地规避、有效地利用文化差异，从而为企业创造价值和利润。

本书的第二、第三、第四章是论证，包括了三个部分：跨国经营中的文化冲突原因分析、跨国经营中的文化冲突表现形式以及跨国经营中的文化冲突影响研究。在第二章中，从民族优越感、价值观及态度差异、风俗习惯及宗教信仰差异、教育及法律环境差异、跨文化沟通障碍和管理模式等方面分析了导致文化冲突的原因，认清文化冲突的来源对企业进行跨国经营起到至关重要的作用。在第三章中，对企业跨国经营的文化冲突的形式进行了具体的阐释。文化冲突包括显性文化冲突和隐性文化冲突，并就其形式进行了详细的描述和进一步的解释说明。在第四章中，从经营方式、组织管理以及市场营销三个方面具体地论述了企业跨国经营中由文化差异带来的影响。

本书的第五章、第六章针对上述文化冲突提出解决方案和管理措施。首先论述了文化冲突管理的原则，其中包含有文化平等原则、权变原则、人本原则和平等互惠原则；其次又说明了文化冲突管理的基本策略；最后则为企业进行文化冲突管理提出几点建议。

企业在跨国经营时文化冲突是不可避免的，但了解文化冲突的来源、文化冲突的表现形式以及文化冲突的影响可以帮助企业很好地规避因文化冲突带来的利益损失，甚至可以为企业创造出新的价值。

本书的编写得到了众多人士的关心和指导。四川外国语大学国别经济与国际商务研究中心的诸多老师给予了大力的支持和帮助，为本书的编写提出了宝贵的意见。在编写过程中，我们还参阅过国内外有关书籍和教材，分别做出了注释。

编者谨向所有关心和帮助过本书编写的朋友致以衷心的谢意。

由于水平有限，时间仓促，疏漏和不妥之处，敬请指正。

目　录

第一章　绪论

一、研究背景与意义

在全球经济飞速发展和经济全球化的大背景下，企业跨国经营是经济管理中非常普遍的现象。对于以谋求最大利润为首要目的的企业而言，在全球范围内寻求资源的最优化配置能够在很大程度上降低成本，以抢得市场先机，从而实现企业的利润最大化。特别是在竞争全球化的今天，实现资源的全球优化配置，是众多企业获得市场竞争优势的重要手段。所以，跨国经营是企业在当今世界经济发展浪潮中的必然选择。

虽然跨国经营能够给企业带来很多好处，但是伴随企业跨国经营而来的文化差异及由此产生的文化冲突也是众多的企业在跨国经营中面临的棘手问题。实践表明，文化冲突是使企业在跨国经营中陷入困境的重要因素之一，也是企业在跨国经营中必须面对和解决的难题。因此，企业要想在跨国经营中取得成功必须将不同国家、不同民族的文化与先进的管理方法有机地结合起来，并运用到企业的经营管理活动中。但是，由于面临的是不同的文化，而且文化一旦植根就很难更改，因此，跨文化管理成为众多的跨国企业管理中非常棘手的管理内容之一。管理大师彼得·德鲁克甚至认为跨文化管理是企业在多种经营中最复杂的一种管理。由于存在着不同的文化，企业经营理念、管理方式、行为方式和沟通方式等各方面都存在着很大的差异性，这些差异往往会从各个方面影响企业的经营管理和收益。所以，从这个角度来看，研究跨国企业的跨文化管理有助于提高跨国企业跨国经营绩效，促进跨国企业不断发展。

对于正处在跨国经营发展阶段的我国企业而言，研究跨国企业在跨国经营中的跨文化管理还具有特殊的意义：

一方面，对不同文化的研究有助于客观全面地了解各种文化，从而在真正了解不同文化的基础上，根据各自文化的特点制定行之有效的跨文化管理策略。我国企业的跨文化经营历史并不长，在跨国经营中企业难免直接将本国文化强加到跨国企业经营与管理中，从而造成我国企业在跨国经营中的失败。通过对不同文化的学习和研究，有助于我国企业在跨国经营中充分考虑文化之间的差异，有针对性地制定有效的经营管理方案。

另一方面，企业在进行跨文化管理时，面对的管理对象和管理内容非常复杂，再加上理论界和实践界对跨文化管理的研究还处在探索和研究中，而我国学者对跨文化管理的研究又远远落后于国外先进国家。因此，本书的研究有助于弥补我国跨文化管理的不足，更好地指导我国企业的跨国经营实践。

跨国企业在跨文化管理中存在着许多阻碍，文化冲突管理是企业扫清障碍很重要的一环。厘清文化冲突的原因和表现形式，并制定高效的解决策略对于企业是行之有效的方法。本书就是在介绍在华跨国企业在跨文化管理中存在的障碍的基础上，提出了具有明确针对性的解决措施和建议，期望集结国内外学者的智慧为我国企业的跨文化管理提供切实有效的帮助。

二、理论基础

文化和沟通往往无法通过某种方式方法去分析和衡量，文化是人类创造的一切物质产品和精神产品的集合。文化无处不在，无所不包。不同的国家和地区具有不同的文化，这也决定了各国拥有不同的人文环境，包括建筑风格、服饰及餐饮习惯；决定了人们不同的欣赏角度和审美观念；决定了人们不同的道德标准和行为规范。理解不同的文化或价值观念就能了解他国人们的态度，也就了解了人们的行为举止。不同文化背景的人们应尊重各自的文化，以及文化背后的思维方式、行为准则和价值观念。只有这样，不同文化背景的人们才能进行有效的跨文化沟通和友好地相处。

（一）国外研究现状

本书在西方学者相关研究成果的基础上，将西方跨文化管理的理论发展分为20世纪50年代、20世纪六七十年代、20世纪80年代、20世纪八九十年代、21世纪初五个阶段。

1. 20 世纪 50 年代的初步研究

表 1－1　跨文化管理的层次

层次	定义
超民族文化	任何一种超越民族边界的文化差异或存在于不止一个国家的文化。超民族文化包括： 区域文化——与生活在同一地理区域的人群有关 种族文化——涉及具有共同、明确特征的一组人群 宗教文化——具有共同宗教信仰的人们所表现出的文化特征 语言文化——与讲同一种语言的一群人有关
民族文化	用以描述不同国家居民的群体性特征
职业文化	主要关注忠诚于雇主还是忠诚于行业的区别
组织文化	将组织连成一体的社会与规范性黏合剂
群体文化	存在于比组织更低层级的单独群体、工作组成一群人中的文化差异

资料来源：karahanna, Elena, J. Robert Everesto, Mark Streto. Levels of Culture and Individuals Behavior: An Integrative [J]. Journal of Global Information Management, 2005, 13 (2).

根据 Negandhi 的考查，跨文化（Cross－culture）成为一个明确的研究对象，始于 20 世纪 50 年代美国麻省理工学院、芝加哥大学、加利福尼亚大学和普林斯顿大学对发展中国家工业化过程的大规模的项目性研究。参加这些项目的学者来自心理学、社会学、社会—文化人类学和经济学、政治学等诸多领域。这些比较管理理论学家的概念性与方法性研究，大致可以分为三种方式：经济发展导向（Economic Development Orientation）、环境方式（Environment Approach）、行为方式（Behavior Approach）。经济发展导向虽然涉及跨文化管理，但其研究仍然没有脱离经济学本身。环境方式主要关注外部环境因素（政治的、法律的、文化的和政治经济的）对管理实践和管理结果的影响。行为方式试图解释组织环境中个人与群体间的行为模式。

2. 20 世纪六七十年代的组织理论研究

Negandhi 认为，虽然跨文化的研究涉及多学科的交叉，但组织理论是这一时期发展迅速、与跨文化研究密切互动的一门学科。这一时期的组织理论研究显示了从韦伯式的理想的官僚行政组织的规范层次（Normative Level）向更复杂的、以某一具体组织为对象的分析层次（Analytical Level）的过渡过程。在这一发展过程中，与跨文化管理理论相关的组织理论研究以封闭和开放系统方式展开。封闭系统方式（Closed - systems Approach），是以组织的内部变量为主要研究对象的方法，通过对组织的内部变量对组织结构、行为模式、管理效果的分析，精确地探测内部变量对组织行为和管理效果的影响。开放系统方式（Open Systems Approach），是将外部环境纳入对组织的内部特征的考察中，将组织看作是一种总体系统（Overall Systems）或整体系统（General Systems）。在此基础上，Negandhi 提出了一个整合模式（Integrating Model），集中概括了封闭系统方式与开放系统方式对组织的综合影响。

3. 20 世纪 80 年代的日美文化比较研究

20 世纪 80 年代日美企业的跨文化比较研究是跨文化研究中一个极其重要的阶段。这一时期的副产品是，它从根本上克服了文化研究者有意、无意长期存在的“西方文化中心论”的褊狭观点，因为美国学者通过日、美企业文化的对比研究发现，“日本人比我们更懂得怎样管理企业”。这方面的代表是威廉·大内的 Z 理论、托马斯·彼得斯和小罗伯特·沃特曼的 7S 结构理论以及巴斯克和艾索思的跨文化案例研究。

4. 20 世纪八九十年代的维度理论与结构性分析

进入 20 世纪八九十年代，西方学者在 50～70 年代对跨文化管理理论的长期研究的基础上，开始思索如何对文化之间的差异进行量化分析，文化维度理论应运而生。这方面最具代表性的学者是霍夫斯塔、克拉克洪、查尔斯·汉普登—特纳和冯斯·川普涅尔。

（1）霍夫斯塔的维度分析。自 20 世纪 80 年代到 90 年代，霍夫斯塔、弗兰克、邦德等分别对 IBM 美国总部、欧洲企业和中国香港等 50 多个国家和地区、民族的调查对象，进行了价值观维度调查，将民族文化差异分为权力距离、集体主义与个人主义、女性与男性、不确定性避免、长期导向与短期导向五个维度。霍夫斯塔认为，那些研究民族文化的西方人类学家，带有不同程度的文化偏见，他们都带着“西方的思考方式”来看待世界文化。为此，霍夫斯塔吸收了加拿大人米切尔·哈里斯·邦德对远东文化，特别是中国文化的多年的研究成果，将“长期导向与短期导向”作为民族文化的第五个维度。

（2）克拉克洪和斯托德伯格的价值双向模型。克莱德·克拉克洪（Clyd Kluckhohn）在哈佛大学与洛克菲勒基金会的资助下，对美国得克萨斯州一个有 5 个不同文化和种族的社区进行大规模的跨文化研究。其研究成果发表在她与斯托德伯格（Strodtbeck）合著的《价值导向的变化》一书中。在书中，他们提出了一种文化与另一种文化双向对比的 5 种价值观导向，即人性导向、人与自然的关系导向、时间导向、活动导向、相互关系导向。

（3）查尔斯·汉普登—特纳与冯斯·川普涅尔的文化分析模

型。在1994年出版的《构建跨文化竞争力》一书中，汉普登—特纳（Charles Hampton - Turner）与川普涅尔（Fons Trompenaars）揭示了他们经过18年潜心研究的发现，“外国文化之间的差异，并不是混乱不清或率意而为，而仅仅是价值观的镜像（Mirror Images）而已，是他们所见、所学的次序与序列的一种相互颠倒”。[①] 他们从6个维度来探索这面“镜像”，它们是6组相互对立的价值观：普遍性与特殊性、个人主义与共有主义、精确与模糊、取得成就与归因成就、内向与外向、序列性时间与同步性时间。

5. 21世纪初的全方位视角

进入21世纪，在全球化浪潮和知识经济的冲击下，跨文化的冲突与融合、碰撞与协调表现出更高的频率、更激烈的程度和解决跨文化冲突的更迫切的需求。全方位的视角，又叫整合性视角（Integrated Perspectives），是从多维度、多视角对跨文化研究的全面检视与归纳。我们可以从三个方面对这个问题加以探究：

（1）维度理论的整合。Leidner 和 Kayworth（2006），对民族文化（National Culture）、组织文化（Organizational Culture）和从属单位文化（Subunit Culture）经过对20多位学者观点的梳理发现，基于价值观的文化分析可以包括40多个维度，从而奠定了文化研究的维度理论。

然而，在 Leidner 和 Kayworth 的分析中有关文化的研究是以文化的核心——价值观为中心，并且作者对20世纪50年代至2003年的研究进行了全面的回顾与详细的归类，虽然这种全面的视角与

① Hampton - Turner Charles, Fons Trompenaars. Building Cross - Cultural Competence: How to Create Value from Conflicting Values [M]. John Wiley & Sons, LTD, 1994.

深入的研究值得肯定，但是从价值观的维度分析中分离出40多个维度，显然过于繁复。

（2）层次理论的整合。卡罗汉纳等将跨文化分为超民族文化、民族文化、职业文化、组织文化、群体文化五个层次的同时，还将个人行为置于这一相互关联的框架之内，提出了类似椭圆形鸟巢的“文化关联层次”模型（见图1－1）。

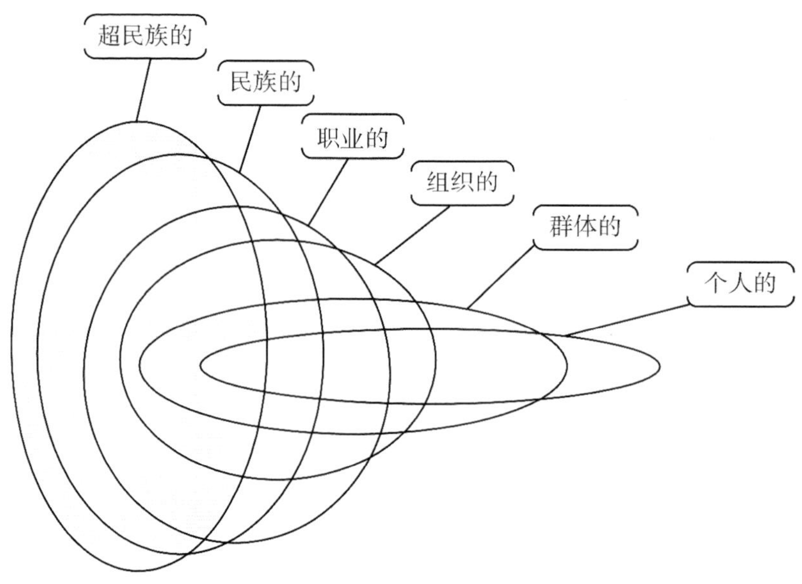

图1－1 文化关联层次

资料来源：Karahanna, Elena J. Robert Everesto, Mark Streto. Levels of Culture and Individuals Behavior: An Integrative［J］. Journal of Global Information Management, 2005, 13（2）.

卡罗汉纳等强调，“个人工作场所中的行为，是不同次文化同时作用的结果。当然，从理论上讲，根据所调查的个人行为特征的不同，文化的不同层次对个人行为的影响也会有所差异”。也就是说，在跨文化研究过程中，不是运用单一文化视角（Monolithical Cultural Perspective），而是“认识、运用、整合不同的文化视角”，亦即一种整合性的文化视角（Integrative Cultural Perspective）。

（3）行为理论的整合。卡罗汉纳等同时也对 Fishbein 和 Ajzin 的“理性行动理论”（Thoery of Reasoned Action）与 Triandis 的“主观文化”理论（Subjective Culture）进行了整合，提出了一个文化、个性与行为之间的理论模型。

该理论模型表明，某个人的行为动机（Behavior Intention）成为某一具体行为的最好预知因素，它受到个人态度和社会规范的双重影响。就个人态度而言，它受到个人态度和认知观念的影响；就社会规范而言，它受到 Triandis 的纵向文化层次和霍夫斯塔横向文化层次的影响。

（二）国内研究现状

国内关于跨文化管理的研究起步较晚，相对于发达国家的研究还比较落后，这与我国的经济、政治、文化的发展有关。中国 1978 年才开始改革开放，允许外国投资者与国内企业组建合资企业；20 世纪 90 年代法国企业才将眼光投向亚洲市场，与中国企业的合作历史远没有美国和日本的长。再加上我国在世界有影响力的国际企业还比较少，跨文化管理的实践经验不足，这方面的研究成果尚不成熟。但是通过我国专家学者的不断努力和研究成果的积累，国内学者对中法合资企业跨文化冲突管理的研究主要有以下三个方面：

1. 对合资企业存在的文化冲突现状及其文化差异的研究

李燕萍、鲁军利用霍夫斯泰德的文化维度模型比较分析了中国、法国和美国的文化差异，并对中国和法国的人力资源管理进行了比较分析。王晓辉、尹洪根从宏观和微观两个方面研究了中法合资企业文化冲突的原因，即从国家文化和企业文化两个方面分别论述了中法两国的差异，并以中法合资企业——广州标致为例分析了该企业在跨文化管理中的做法和问题。

彭世勇选择了广东省作为其数据收集的地方，因为广东是中国最早开放的沿海地区之一，这里的外资企业具有代表性。经过对美国员工、法国员工以及外企中国员工和国企中国员工调查结果的分析，彭世勇认为，由于在外资企业内中国员工的工资与美国员工和法国员工差距较大，且多数中国员工都是被管理者，因此在工资福利和工作安排方面发生冲突的可能性较高；而在世界观、个性和品位以及管理方式这三个方面美国员工和法国员工发生冲突的可能性则高于中国员工。[①] 作者从一个新的视角来研究外资企业内工作冲突情况，为跨文化管理提供了决策依据。

蔡钟明将日本和法国的管理理念和模式与美国进行比较，对美国管理的普遍性提出了质疑，并指出了美国理性主义的局限性。作者认为日本和法国的管理也是十分优秀的，值得中国学习，我们在关注美国管理的同时也应该看到其他国家成功的管理经验，并结合中国自身的特点和发展状况创造出具有自身民族特点的管理理论。[②]

陈国舟、黎熙元、陆何慧薇三位专家对香港浸会大学社会系用近三年时间研究的一项课题——“中国‘三资’企业内的中西文

① 彭世勇．外资企业内工作冲突分布的跨文化意义［J］．大连理工大学学报，2003（3）：44－47.

② 蔡钟明．非普遍的“普遍主义”——对美国管理普遍性的质疑［D］．上海：华东师范大学硕士论文，2006.

化冲突”进行分析，他们认为由结构因素如薪酬制度引起的冲突容易通过协商解决，而由文化因素引起的冲突因为与个人的价值观念和其所处的社会环境相关所以不容易通过协商来解决，只有通过相互学习体会对方的文化观念才可以减少冲突。通过对中美和中欧“三资”企业的访谈资料分析发现，反映出中西差异较大的是中国的特殊主义和西方的普遍主义。在企业内部特别是用人方面与生意往来上，中方特别注意拉关系，而西方企业则认为用人或者做生意与“关系”没有联系，而是更注重契约精神与法律；西方企业更注重工作效率，而中国员工模仿经理延长工作时间，获取加班工资，也是利用内部资源拉关系的一种表现，没有分清公司与私人的界限。[①] 在长时间的合作中，中西方企业也致力于相互学习与文化的调和，如推动团队的合作，建立共同目标，西方管理者学习运用中国的关系功能等。

李晶、李敏对一汽集团的中日和中法两家企业进行了调查研究，比较分析了文化差异对这两家合资企业人力资源管理的影响，包括人员配置、薪酬福利、培训和发展、绩效评估以及晋升制度五个方面。

梁昭对中国和法国的文化价值观进行了比较，指出中国与法国在合作中会面临四种文化风险即种族优越风险、管理风险、沟通风险和商务管理与禁忌风险。在文化创新的过程中会经历四个阶段，即吸引阶段、冲突阶段、交汇阶段和融合阶段。作者以娃哈哈和达能的合作为例，分析了中法企业在合作中遇到的问题。

① 陈国舟，黎熙元，陆何慧薇．中国“三资”企业中的文化冲突与文化创新［J］．社会，2005（3）：8－26.

董琳、黎永泰从国家文化背景、企业文化以及员工行为模式三个方面较全面地分析了中国和欧洲在合作过程中体现出的差异。同时作者也指出欧洲地域辽阔，不同国家有其自有的文化特点，需要具体分析。在跨文化管理策略方面作者认为应该从易到难地进行文化整合，形成中国背景、欧盟标准管理精神的策略。

田阵、陈晓红对中外合资企业做了实证研究，作为国家自然科学基金重点资助项目，他们对 40 多家中外合资企业进行了访问和问卷调查，对跨文化冲突、企业绩效和关系资本三者之间的关系做了实证研究。结果表明权力距离、集体主义/个人主义、男性度/女性度三个维度上的冲突水平与合资企业绩效呈倒“U”型关系，而不确定性回避和长期/短期导向两个维度上的冲突水平与合资企业绩效呈负相关关系；同时也证明了关系资本能缓解文化冲突给绩效带来的负效应。

王战、吴超主要针对中国和法国的文化差异进行分析，得出中国人注重关系而法国人注重理性；中国人注重面子而法国人注重批判精神；中国人注重经验而法国人注重数字的精确等结论。作者还结合了中法合资企业——武汉神龙汽车公司的相关案例加以解释。

段明明对法国 F 集团在中国的三家办事处进行调研，通过对中国员工和法国员工的深入访谈，较深入地比较了中法两国的权威观。段明明认为，多数中国人对权威都表示出敬畏，对上级都是绝对服从的；但是中国文化的权威并不是“无孔不入”，而是有一定限度的。在法国文化中，“挑战权威”被视为一种常规的具有建设性积极作用的行为。[①] 作者认为，适应当地文化首先要做到的就是，避免依据对一些抽象概念的绝对理解，去对文化进行普遍意义上的“划分归类”和用自身文化的逻辑去解读不同文化背景中的行为方式。

赵曙明、高素英、耿春杰对100家在华跨国企业进行调研，主要研究国际化战略、人力资源管理等与企业绩效的关系。研究结果发现，首先是企业的国际化程度越高越能提升企业业绩，其次是跨国公司的企业战略与人力资源管理整合得越好越有利于提升企业业绩；最后是人力资源管理系统对企业业绩的影响最小，但是对员工个人业绩的重视和对员工的激励也有利于提升企业业绩。

2. 对合资企业文化融合的研究

华东师范大学管理心理学教授俞文钊、严文华在共同管理文化（CMC）模式的基础上提出了著名的整合同化理论（IAT）。他们将整合同化过程分为四个阶段：探索期、碰撞期、整合期以及创新期。[②] 该理论的模型由两部分组成，第一，IAT的结构组合模型，该模型提出了整合同化的原则、有效手段和方法；第二，IAT的系统展开模式，包括中外合资企业共同价值的确定和人员结构模式等。作者以上海大众汽车公司为例，对整合同化理论进行了验证。

唐炎剑教授在宏观的跨文化比较理论基础上，在其参与的中法合作项目中总结出一个跨文化管理框架模型——CCIOT模型。该模型分为三个层次：信任、合作和共同目标构成了第一个层次——稳

① 段明明．当法国管理理念碰到中国文化——企业中的权威观［J］．华东经济管理，2010，24（7）．

② 俞文钟，严文华．整合同化理论与跨国公司的跨文化管理［J］．人类工效学，2000（4）．

定三角形；整合创新和稳定三角形构成了第二个层次——钻石结构；文化环境和钻石结构的关系分析是第三个层次。[①] 该结构从理论上讲是合理的，但是缺少具体方案和实证研究分析。

张英娜（2006）构建了跨文化人力资源管理研究的整合模型，即以跨文化沟通为平台与战略愿景牵引机制、共同价值观推动机制、组织制度保障机制和消弭阻力控制机制相结合的系统思维的模型，这四个机制和一个平台使跨文化企业的人力资源管理构成相互协作的整体，从不同的角度来整合和激活组织的人力资源，充分利用跨文化优势，消弭跨文化冲突，从而提升企业人力资源管理的有效性。

潘红英认为中外合资企业在进行文化整合时应以合资企业的共同利益为基础，组织文化整合领导小组，选择适当的整合模式并建立有效的沟通机制，发挥文化整合的协同效应。

3. 对跨文化管理的研究

胡军提出了实现企业跨文化管理的步骤：第一，识别文化差异，发展文化认同；第二，不同文化背景的职员在一起进行敏感性跨文化培训，提高对跨文化环境的适应性，以造就一批高质量的跨文化管理人员；第三，建立共同经营观，建设企业的“合金文化”。[②]

俞文钊、贾咏提出了共同管理文化的新理论与模式。[③] 共同管理文化是他们针对中外合资企业这一特定组织而提出的。中外合资

---

① 唐炎别．“CCIOT”模型：中外合资企业跨文化管理研究新视角［J］．经济管理·新管理，2004（12）．

② 胡军．跨文化管理济南［M］．济南大学出版社，1995．

③ Hall E. T. The Silent Language of Overseas Business［J］．Harvard Business Review，1960（May/June）．

企业是一个中外合资各方紧密联合的统一的经济实体，因此要增强其生存适应能力，才能取得共同管理的成功。这就需要合资双方共同努力，从特定合资企业的实际出发，以各方不同的管理文化为基础，构筑起适合企业有效运行的管理模式。

严文华等通过对成功与失败的合资企业的案例分析，提出了为何进行跨文化企业中人力资源管理与开发，人员的有效沟通及建立跨文化企业的有效组织与领导。严文华等在其编著的《跨文化企业管理的心理学》一书中指出，21 世纪的管理将更加心理学化。跨文化企业管理心理学的发展是这一趋势的具体化。对不同文化单元管理的研究，将有助于我们客观地认识和理解其他文化单元的管理思想和模式，也更好地认识本国文化的实质与其他文化的差异。

陈佳贵等对跨文化组织的计划与战略问题、组织与控制问题、沟通与协调问题等进行了研究。在《跨文化管理：碰撞中的协同》一书中，作者采取比较研究的方法，在对跨文化管理的历史简要回顾的基础上，对文化问题作了较全面的介绍，通过将不同的人从不同角度对同一问题的不同看法展示在读者面前，提出了中国企业的跨文化管理应在更高的层次和维度上全面展开。

王作毅在《中外合资企业跨文化管理》一文中，在分析合资企业内部存在的各种文化差异和影响的基础上，总结出了中外合资企业跨文化管理的对策。

以席酉民为项目主持人的国家自然科学基金项目“企业集团组织、发展与协调管理的理论、模式和政策的研究”中，其子项目“中外合资企业集体管理与控制研究”中对跨文化管理进行了分析与总结。

程兆谦、徐金发在《企业文化与购并研究》一书中，根据跨文化管理中文化融合的方式，提出了合资企业中的文化整合模式。

张新胜和王媛对由外派人员引发的跨文化冲突进行了详细的分析，指出外派人员对中国当地文化的不适应和流露出的种族优越感是跨文化冲突的具体表现，另外他们还提到了开展跨文化培训、促进跨文化理解是有效解决此类跨文化冲突的方法，但这些分析仅停留在理论层面上，未结合实例探究。

邱永明在《解析合资企业中的文化冲突》一文中，提出了跨文化冲突对合资企业管理的影响、具体表现、诱发原因、克服方法，他研究的跨文化冲突主要集中在中外双方管理风格的差异上，对其他类型的冲突形式则未提及。

（三）国内外研究现状评述

综上，在合资企业的文化冲突管理这一领域，国内外研究具有以下特点：

（1）国外学者的研究远远领先于国内学者的研究，研究范围也相对广泛，较深入，具有较丰富的资料和理论；相对而言，国内研究起步较晚，理论基础略显薄弱。

（2）国外学者的研究基本上是在西方独特的社会政治、经济、文化背景下进行的。由于历史和条件的局限，他们大多立足于本国企业，从本国的角度出发来考察问题，进行研究，其着眼点也是为本国的经济、社会发展服务的。因此，其研究成果虽然对我国企业具有一定的指导意义，但难以直接应用于我国企业。

（3）国内学者的研究大多以西方的有关管理理论为基础和依

据，缺乏理论的独立性和创新性，而且只是零星、片面的研究，学术积累不足，没有形成系统化、理论化的学科体系，尚处于起步阶段，至今也没有针对合资企业文化冲突管理问题进行全面论述的理论性专著。

（4）相对于国外研究而言，国内研究以理论探讨居多，实证研究较少。

因此，本书在国内外众多位学者的研究基础上，立足于我国现阶段的政治、经济、文化等社会背景，对跨国经营中的文化冲突问题加以探讨。分析其表现形式、成因及影响，在此基础上提出文化冲突管理的原则、策略及方法，旨在为我国企业“走出去”提供一定的参考，使其能在激烈的国际化市场竞争中从容应对文化冲突的挑战。

三、相关概念和理论研究

（一）相关概念界定

1. 文化

迄今为止，人类学、社会学、心理学、管理学等诸多领域都对文化这一概念给出了许多不同的阐述。1963 年美国学者 Krobeber 和 Kluckhohn 在 *Culture*：*Critical Review of Concepts and Definitions* 一书中列出的关于文化的定义就有 160 种。一般对文化的理解有广义和狭义之分。广义的观点认为，文化是所有人类创造的环境，包括软件环境（价值观、信念、社会规范等）、硬件环境（外部形象、标志等）和行为方式。狭义的观点则认为，文化主要是人类创造的软件环境（价值观、信念、社会规范等）以及在这种软件环境下人们的行为方式。

文化具有不同的层次和结构。这些层次和结构可以用冰山模型和洋葱模型进行描述性解释。

冰山模型是由美国著名的心理学家 McCleeland 于 20 世纪 70 年代提出的。他认为，文化结构具有和冰山模型类似的特征，可以分为表露在外的冰山上部分以及隐藏在表面之下的冰山下部分。水面以上部分就像文化的物质层，包括代表组织形象以及能体现组织个性的物质，如组织的名称、产品或服务的商标、员工的制服、口号、向外宣传的广告片等。水面以下部分是群体共有的价值观、社会规范、信念、基本假设等无法直接观察到而需要人们用心感悟体会的核心观念体系。[①] 其中信念和基本假设属于文化体系中的最深层的部分，属于人的心理意识现象，比起价值观来对人们行为的影响更深刻、更长久。管理中最重要的就是隐藏的冰山下部分，通过对组织个体共享的价值观、行为规范、信念以及基本假设等观念体系的理解能够使管理者更好地预测和把握组织中个人有可能出现的行为取向以及有可能导致的结果等。

洋葱模型是由美国学者 Boyatzis 在对冰山模型进行深入研究以后提出来的。文化的洋葱模型把文化系统视为一个层次感分明的洋葱，一共可分为三层：外表层是可以观察到的外部事物，也就等同

① McCleelland, D. C. Testing for Competence Rather than for Intelligence [J]. American Psychologist, 1973 (1).

于冰山模型的“冰山上部分”，属于文化的客观可观察部分；中间层是组织成员所共享的价值观和行为规范；核心层即为群体所共享的基本假设部分。①洋葱的中间层和核心层等同于冰山模型的“冰山下部分”。

2. 文化冲突

人们普遍认为冲突是指不同事物、不同因素之间的相互对立和相互排斥，由此提出了跨文化冲突的多种定义：一些学者认为跨文化冲突是指由于不同的文化背景所带来的价值观、伦理观、责任观、行为、态度等各方面的差异引起的冲突与摩擦；另一些学者将跨文化冲突定义为不同文化的性质、特征、功能和力量释放过程中由于差异引起的互相冲撞和对抗的状态；还有一些学者从企业文化的角度定义文化冲突，认为文化冲突是在一定的历史条件下，两种不同的企业文化整合时，由于员工分属不同文化背景的国家而产生的冲突；也有学者将企业文化冲突定义为由不同形态的企业文化（即企业文化差异）而导致的企业组织中人群之间的心理和行为对抗，这在一定意义上强调了人的主观能动性。

3. 跨文化管理

跨文化管理是20世纪70年代后期在美国逐步形成和发展起来的一门新兴的边缘学科。它研究的是在跨文化条件下如何克服文化的冲突，进行卓有成效的管理。管理学的跨文化管理不同于人类学的跨文化研究，它的目的在于如何在不同形态的文化氛围中，设计出切实可行的组织结构和管理机制，最合理地配置企业资源，特别

① Boyatzis R. E. The Competence Manager: A Model for Effective Performance [M]. New York: John Wiley & Sons, Inc, 1982.

是最大限度地挖掘和利用企业人力资源的潜力和价值，从而最大化地提高企业的综合效益。

任何一种文化形态的生成都与其民族的历史发展相联系。企业文化作为民族文化的有机组成部分，它的形成和发展必然根植于民族传统文化的基础。民族文化是企业文化的源头，而企业文化则是从属于民族文化并由民族文化决定的。正如美国文化人类学家威斯勒在《人与文化》一书中指出的那样，各个地方文化具有不同的历史渊源，由于文化特色存在差异，形成了不同的文化类型和文化区域。

从20世纪70年代至今，国内外不同学者在不同时期对于跨文化管理的定义有着不同的理解和思考（见表1－2）。

表1－2　跨文化管理的定义

学者	论点
Hofstede	跨文化管理又称为交叉文化管理，是从比较文化的角度来研究两个或两个以上国家文化的差异，以及这些差异所导致的不同国家企业管理模式上的差异。跨国企业只有进行成功的跨文化管理，才能使企业的经营得以顺利运转，竞争力得以增强，市场占有率得以扩展
Simmons	跨文化管理是管理的一种形式，这种管理承认当地文化的存在，尝试着将文化所依赖的价值观融入不同的组织职能中，同时尽最大努力将这些职能协调到公司政策的核心地位
Adler	跨文化管理，是对属于不同文化背景和国家的成员行为进行管理，其核心要点是研究和处理好同一工作环境下来自不同国家和地区的人们之间的相互影响和作用

续表

学者	论点
Peter F. Drucker	跨国经营的企业是一种多元文化的机构，其经营管理思想基本上是一个把政治、文化上的多样性结合起来而进行统一管理的哲学思想体系
Ruber	跨文化管理又称交叉文化管理，就是在跨国经营中，对不同种族、不同文化发展阶段的子公司所在国的文化采取包容的管理方法，其研究的是在跨文化条件下如何克服异质文化的冲突，并据此创造出公司独特的文化，从而形成卓越有效的管理过程
李彦亮	跨文化管理是指与企业有关的不同文化群在交互作用过程中出现文化矛盾和冲突时，有效地解决这种矛盾，达到文化的理解、沟通、协调和融合，从而高效地实现企业管理
易诗杰	跨文化管理指管理者在不同文化里，有效地协同不同文化对于组织行为的影响，有效地与来自不同国家和不同文化背景的人进行良好的沟通

（二）跨文化管理理论

1. 文化价值维度理论

跨文化的产生是由于一种文化超越了自身的价值观、行为取向等，而同其他的文化进行了交汇。跨文化管理理论的研究目的是怎样克服彼此存在差异的文化在接触时可能发生的互相排斥、矛盾及冲突而最终进行有效管理。美国学者对跨文化管理的理论研究影响较大，整个西方社会管理实践的经验教训对该理论体系的研究思路和方法的形成了做出了巨大的贡献。进行跨文化管理研究的意义是针对多元文化背景的组织进行分析，找出切合实际且有效的管理方案和办法，把实现公司综合效益最大化作为终极目标。跨文化管理这门学科经过这些年的发展和完善已经比较理论化和系统化，知识体系包括了一系列相关假设、模型以及实际检验的内容。

一些学者提出了用不同文化所共同具有的基本因素的不同倾向来进行比较分析，进而解释说明文化冲突产生的原因。其中跨文化管理研究领域中比较经典的文化分析维度模型主要有：Klukhohn 和 Strodtbeck 的六大价值取向模型、高语境与低语境模型、Hofstede 的国家文化模型、House 的九维度理论、Trompenaars 的文化维度理论等。

(1) 价值取向模型。美国人类学家 Klukhohn 和 Strodtbeck 在 1961 年较早提出了跨文化理论。他们在 *Variations in Value Orientations* 发表观点，认为有六大问题是全人类共同面对的，分别是对人性的看法、对人与自然环境关系的看法、对人与人之间关系的看法、活动导向、空间观以及时间观（见表 1－3）。① 他们认为，具有不同国家、民族文化背景的人对这六个问题的看法和取向是有区别的，从这些差异中能够体现出不同组织的不同文化特征，帮助我们对平时出现的文化差异现象进行合理的解释。

表 1－3　价值取向模型

基本问题	反应/态度/行为		
对人性的看法/是否能改变	多数人性恶/可以	多数人是善恶兼备的/可能	多数人性善/不能

① Kluckhohn F., Strodtbeck F. Variations in Value Orientations [M]. Evanston, IL: Row, Peterson, 1961.

续表

基本问题	反应/态度/行为		
人与自然的关系	自然处支配地位，很多事由命运决定	人与自然可以协调	人可以通过技术来支配和控制自然
人们之间相互关系	权利主义，社会是线性的金字塔，每人都有自己的位置	集体主义，认为群体的需要至关重要	个人主义，个人的目标和需要是最重要的
活动导向/行为方式	存在型，人们的行为是自发且有感情的	混合型，人们寻求内在的发展	实干型，偏向于行动派和认真工作
空间观念	私人倾向	私人和公众兼有	公众倾向
时间观念	更重视过去的历史	更重视当前	更重视未来

（2）高语境和低语境理论。高语境与低语境理论是由人类学家Edward Hall在1976年出版的《超越文化》一书中提出来的。爱德华·霍尔是美国人类学家，被称为系统研究跨文化传播活动的第一人。霍尔指出，所谓高语境是指在人们的沟通中，依赖内心深处的记忆和共识与对人际环境的敏感来传递信息，而依赖非显性的语言编码来传递信息；[①] 所谓低语境是指人们在交际中，习惯用精确、全面的语言来传递信息和情感，对社会环境和人情关系的依赖较小。东方文化属于高语境文化，而西方文化属于低语境文化。如中国人在交流中常说“只能意会而不能言传”，而西方人喜欢一切都用语言表达出来。如在欧美国家，父母与子女之间或是爱人之间，

① 胡超．高语境与低语境交际的文化渊源［J］．宁波大学学报，2009，22（4）．

常常把“我爱你”挂在嘴边，来表示对对方的爱；而在中国和日本这样的东方国家却很少有这样直接的表达，甚至说出来之后还会觉得难为情，这就是高语境与低语境不同的典型例子。

高语境文化的特点主要有语言表达内敛、含蓄，情绪不轻易流露，人际关系紧密，人际交往的圈内圈外界限清楚等。在交往中，人们讲求语言精练，言简意赅，讲求领悟和揣摩。同时，高语境文化中，非语言沟通起着很大的作用。如交往的时间、地点，交际者的面部表情、情绪以及微妙的动作，都会影响人们沟通中对信息的理解。低语境文化的特点主要是语言直接，表达清晰，情绪外露，人际关系不紧密等。如在欧美国家，口齿伶俐、善于言辞表达的人会更受人欢迎；而在韩国，语言表达稍显木讷之人会更容易得到他人的信任。①

根据 O' Hara – Deveraux 和 Johansen（1994）对不同民族的文化语境的排列来看，高语境国家依次是日本、中国、希腊等；低语境国家依次是德国、北欧国家、美国、英国等。由图 1 – 2 可以看出，从高、低语境国家的排序来看，中国属于高语境国家，而法国属于低语境国家。因此，在中法两国企业合作中，必然存在跨文化沟通的障碍和误解，企业必须通过培训来解决这一冲突。

（3）Hofstede 文化价值维度。荷兰学者、跨文化研究专家 Hofstede 通过对 IBM 在世界各地员工的调查结果进行文化取向的有关分析，由他们对同样问题的不同回答，得出了不同文化对其产生的不同影响。根据研究数据的整理和分析，Hofstede 总结出了最能够体现不同国家、民族文化差别且会对企业管理活动和模式造成一定

① 胡超．高语境与低语境交际的文化渊源［J］．宁波大学学报，2009，22（4）．

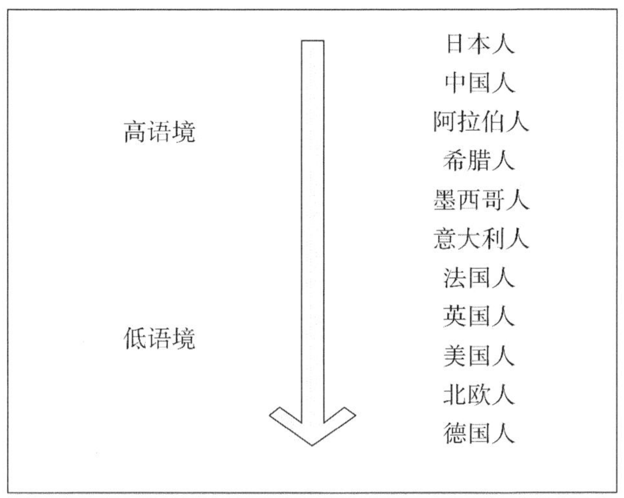

图 1－2　高语境文化语言国家与低语境文化语言国家

影响的五个价值维度。这五个维度分别是：权力距离、个人主义或集体主义、男性或女性程度、不确定性规避、长期导向或短期导向。[①] 五项维度在具体国家的差异情况如表 1－4 所示。

表 1－4　霍夫斯泰德的国家/民族文化

文化群国家（地区）	权力距离	不确定性规避	个人主义	男性主义	长期取向
英语：					
澳大利亚	25	32	98	72	48
加拿大	28	24	93	57	19
英国	21	12	96	84	27
美国	30	21	100	74	35

① Hofstede G. Cultures and Organizations [M]. London: McGraw Hill, 1991.

续表

文化群国家（地区）	权力距离	不确定性规避	个人主义	男性主义	长期取向
阿拉伯：					
阿拉伯	89	51	52	58	—
远东：					
中国	89	44	39	54	100
中国香港地区	73	8	32	57	96
新加坡	77	2	26	49	69
中国台湾地区	46	53	19	41	92
日耳曼语：					
奥地利	2	56	68	98	—
德国	21	47	74	84	48
新西兰	26	35	93	6	65
瑞士	17	40	75	93	—
拉丁美洲：					
阿根廷	35	78	59	63	—
哥伦比亚	70	64	9	80	—
墨西哥	92	68	42	91	—
委内瑞拉	92	61	8	96	—
拉丁欧洲：					
比利时	64	92	87	60	—
法国	73	78	82	35	—
意大利	38	58	89	93	—
西班牙	43	78	64	31	—
近东：					
希腊	50	100	45	67	—
爱尔兰	46	42	57	35	—

续表

文化群国家（地区）	权力距离	不确定性规避	个人主义	男性主义	长期取向
近东：					
土耳其	67	71	49	41	—
北欧：					
丹麦	6	6	85	8	—
芬兰	15	42	70	13	—
挪威	12	30	77	4	—
瑞典	12	8	82	2	58
独立：					
巴西	75	61	52	51	81
印度	82	17	62	63	71
以色列	4	66	66	47	—
日本	32	89	55	100	—

1）权力距离指的是对于组织中出现的不平等情况，各组织成员能否接受以及接受的程度。接受程度高的国家和民族的权力距离大，社会习惯是把人们分为各种等级，人们对上级的命令会习惯性的服从；相反，接受程度低的国家和民族的权力距离较小，组织结构比较扁平，人与人之间以较平等的关系相处。

2）不确定性规避是指人们对模糊、不确定的情况的忍受程度，以及会不会采取各种手段来防止这些威胁的产生。低不确定性规避文化中的人们具有较强的冒险和挑战精神，对未来保持乐观态度；而高不确定性规避文化中的人们则比较谨慎，缺乏冒险和挑战精神，尽量避免冲突。

3）个人主义倾向的人更关心自身及个人目标的实现，认为个人不用依靠组织和群体；而集体主义倾向的人更关心集体目标的实现，愿意在个人利益与集体利益发生冲突的时候做出适当的牺牲。

4）在男性程度较高的文化中，工作、成功、金钱、物质等在价值观中占优势；相对的，在女性程度较高的文化中，关怀他人、重视家庭、注重生活质量等在价值观中占优势。

5）长期导向与短期导向这一维度是 Hofstede 在研究了儒家文化价值观后增加的一个新的维度。在长期导向文化中生活的人们做事之前会想得比较长远，现下的行动会考虑对未来的影响，习惯储蓄，认为节俭很重要；相反，短期导向文化比较偏重当下的满足，注重消费而不是储蓄。

（4）House 九维度理论。House 教授根据所参与的全球领导与组织行为有效性研究项目收集的数据资料进行研究的同时，综合之前的学者提出的有影响力文化维度，提出了 9 个新的文化差异维度，即权力距离、个人主义/集体主义、群体内集体主义、不确定性规避、果断程度、性别平等程度、人情导向、成就导向与未来导向。①

（5）Trompenaars 的文化价值理论。Fons Trompenaars 历时 10 年对来自 47 个地区不同文化的 1 万余名管理人员进行了文化倾向方面的调查。他的研究成果除了与以上文化维度相类似的部分，还提出了普遍/特殊化倾向、情感的中立程度、特定/分散化倾向、成

① House R. J., Hanges P. J., Javidan M., Dorfman P. W., Gupta, V. Culture, Leadship, and Organization: The Globe Study of 62 Societies [M]. Thousand Oaks: Sage Publication, Inc., 2004.

就与归属等维度。[①]

1）普遍化倾向普遍客观的制度规则，强调法律法规适用于任何人，不存在例外情况。美国、德国、瑞典、英国等欧美国家的人通常具有这种倾向。而特殊化倾向把社会活动置于关系的基础上，对待问题更多时候“因人而异”，通常主观程度较高，这种倾向在亚洲和西班牙比较普遍，人们一般认为事情不是绝对的而是相对的。在企业的日常管理活动中，主张普遍化的企业更重视企业各项规章制度的制定与完善，对细节部分有很严格的要求，强调企业的所有员工必须严格地遵守和执行这些规章制度；而主张特殊化的企业制定的制度往往停留在形式上，弹性很大，更强调人性化管理。

2）情感的中立程度指的是在日常的人际交往过程中，人们对情绪表达的外露程度。中性文化中的人们对情绪的表达方式比较温和内敛，情绪文化中的人们则习惯于用一些夸张的方式较外露地表达自己的情绪。意大利、西班牙等国家的人感情化程度较高，通常会开放地表达自己的情感，而日本、英国等国家的人会比较中立，不会公开表达自己的情感。中性文化中的人们认为避免激烈的情绪表达是成熟稳重、自我控制力强的标志。情绪文化中的人们则相反，通常会通过激烈的言辞和夸张的肢体动作来表达自己的看法，认为不表露出自己的情绪是一种缺乏人情味和无趣的表现。

3）特定/分散化倾向指的是人们在日常事务关系中公私区分的趋势。特定化倾向的管理者（如英国、美国、法国等）能非常清晰地将工作与个人事务区分开来，人们更倾向于就事论事，对某一事

① 特姆鹏纳斯，汉普顿·特纳．跨越文化浪潮［M］．陈文言译．北京：人民大学出版社，2007.

件进行讨论和判断时不会牵扯到其他事物。而分散化倾向文化（如中国、西班牙、瑞典等）中的人会把个人事务与公事融合在一起，在对某一件事情进行考量的时候往往会考虑到其他层面的东西。

4）成就与归属维度基于一个人的社会地位是否取决于其自身的能力与成就。在成就导向型的社会（如美国、英国、瑞典等）中，身份与影响建立在个人成就基础上，只要一个人工作表现良好、拥有一定的学历与经验，就能取得相应的身份地位；在归属导向型社会（如中国、日本等）中，人的身份是建立在阶层、血统、性别、年龄等基础上的，一个人的出身如何对他身份地位的影响更加显著。在企业的经营管理过程中，成就导向型文化下的员工更有可能因其真才实学而取得比较高的地位，人们不是盲目的崇拜权威，员工也更容易提出自己真实的想法，更有通过自己的不懈努力取得成就的积极性；而在社会等级比较森严的归属导向型文化中，员工没有更多的激励促使其上进。

GLOBE（Global Leadership and Organizational Behavior Effectiveness）项目团队归纳总结了近年来关于文化维度的研究。该项目耗时 7 年，在收集了大量关于文化价值和实践方面的数据以及 62 个国家和 1.8 万位来自不同国家、行业、企业规模的管理者在领导力方面的信息的基础上，提出了关于文化的 9 种维度：自信程度、未来导向、业绩导向、人性导向、性别差异、权力范围、对不确定性的规避程度、个人或集体主义、群体主义。[①] 其中后 5 个维度和 Hofstede 提出的维度相似，前 4 个维度的研究结果如表 1 – 5 所示。

① 海伦·德雷斯基．国际管理：跨国与跨文化管理（第七版）[M]．宋丕丞译．北京：清华大学出版社，2011.

表 1－5　GLOBE 关于自信程度/业绩导向/国家（地区）未来导向/人性导向 4 个维度的研究结果

	国家（地区）自信程度		国家（地区）业绩导向		国家（地区）未来导向		国家（地区）人性导向	
较低程度	瑞典	3.38	俄罗斯	2.88	俄罗斯	2.88	德国	3.18
	新西兰	3.42	阿根廷	3.08	阿根廷	3.08	西班牙	3.32
	瑞士	3.47	希腊	3.20	波兰	3.11	法国	3.40
	日本	3.59	委内瑞拉	3.32	意大利	3.25	新加坡	3.49
	科威特	3.63	意大利	3.58	科威特	3.26	巴西	3.66
中等程度	埃及	3.91	瑞典	3.72	斯洛文尼亚	3.59	中国香港	3.90
	爱尔兰	3.92	以色列	3.85	埃及	3.86	瑞典	4.10
	菲律宾	4.01	西班牙	4.01	爱尔兰	3.98	中国台湾	4.11
	厄瓜多尔	4.09	英格兰	4.08	澳大利亚	4.09	美国	4.17
	法国	4.13	日本	4.22	印度	4.10	新西兰	4.32
较高程度	西班牙	4.42	美国	4.49	丹麦	4.44	印度尼西亚	4.69
	美国	4.55	中国台湾	4.56	加拿大	4.44	埃及	4.73
	希腊	4.58	新西兰	4.72	荷兰	4.61	马来西亚	4.87
	奥地利	4.62	中国香港	4.80	瑞士	4.73	爱尔兰	4.96
	德国	4.73	新加坡	4.80	新加坡	5.07	菲律宾	5.12

2. 文化冲突管理策略理论

在有关处理文化冲突的方法策略方面，国外学者也提出了一些相关的解决思路以供参考。

美国跨文化管理学家 Buller、Kohls 和 Anderson 提出了 6 种基本的处理跨文化冲突的方法，即回避、强迫、教育、协调、适应以及合作。[①] 在选择处理文化冲突的方法时，要根据特定的情况来选择使用这些策略中的某一种或者几种的组合。

美国学者 Thomas 将管理方格理论应用于解决人际冲突，提出了处理冲突的 5 种基本策略形式，即竞争策略、回避策略、体谅策略、妥协策略以及合作策略。[②]

瑞士学者 Schneider 和法国学者 Barsoux 对于应该如何处理文化差异问题也提出了自己的看法。他们认为最重要的一点是使文化差异最小化，同时实行统一的文化标准。文化差异最小化可以通过找出不同文化中的一致性或者将不同文化隔离以减少矛盾发生的可能性这两种方法来实现。[③]

Moran 认为，合资企业的文化融合过程是动态的、逐渐渗透的，不能仅靠某一方的让步和牺牲，双方合作应该为了取得统一目标而共同努力，而且进行有效的跨文化管理能够减少合资企业运营过程中出现的不可避免的文化冲突而带来的损失。[④]

Adler 提出了解决文化冲突的一种可行的方法——文化协同论，认为应该首先承认多元文化组织中文化差异存在的客观性，同时也要对各方之间的相同点和不同点加以了解，跨文化差异和冲突也可能成为组织发展的有利因素，组织通过文化协调会产生新的管理和组织形式。他认为有 5 种方法能够促进文化冲突的解决，即支配、

① Buller Paul F., Kohls John J., Anderson Kenneth S. When Ethics Collide: Managing Conflicts Across Cultures [J]. Organization Dynamics, 2000, 28 (4).

② Schlling Thomas C. The Strategy of Conflict [M]. Harvard University Press, 2007.

③ 苏珊·施耐德，简·路易斯·巴尔索克斯. 跨文化管理 [M]. 石永恒译. 北京：经济管理出版社，2002.

④ Moran Harris. Managing Cultural Differences [M]. Gulf Publishing Company, 2000.

回避、妥协、顺应以及协作。[①]

加拿大学者 Adler 提出了解决企业文化冲突的三种方案，分别是凌越、折中和融合。凌越是使组织中的一种文化处于统治地位，使其对组织的决策和行为起着最大的影响作用，同时将其他文化弱化。如果仅仅是追求在较短的时间内形成统一的企业文化，那使用这种方法的确能达到效果，但是对某一种文化的偏重会导致其他文化背景的员工的不满和抵触，最终导致矛盾的激化，而且从另一个角度来说也不利于企业广采博纳各种文化的优点。第二种方案是折中，对文化之间的差异采取故意回避的态度，以求组织内部保持和谐与稳定。但是这种和谐往往只停留在表面，妥协的背后充满着矛盾和危机。第三种方案是融合，要做到在互相承认、了解和尊重的基础上，促进文化间的包容、协调和补充，打造一种新的统一的企业文化。这种新的企业文化融合了双方的优势，得到了双方的接受和认可，所以能在长时间内保持稳定。

四、跨国经营中的文化冲突研究涉及的关键问题

本书吸收借鉴了近年来国内外有关跨国经营中的文化冲突的有关理论与研究方法，首先对跨国经营中的文化冲突产生的原因和表现形式进行分析，然后阐述文化冲突对于跨国经营的影响，最后对

① Adler N. J. Organizational Development in a Multicultural Environment [J]. Journal of Applied Behavioral Science, 1983, 19 (19).

跨国经营中的文化冲突管理提出相应的策略，旨在减少甚至消弭文化冲突，为企业的跨国经营提供借鉴。

本书主要分为五部分，各部分具体内容如下：

第一章，绪论。主要说明研究的背景和意义，对国内外研究现状作了深入的比较和分析以及介绍本书的主要研究内容。

第二章，跨国经营中的文化冲突原因分析。跨国经营中文化冲突产生的原因多种多样，并且各种因素往往交织在一起，相互影响、渗透。本章从六个方面详细分析了合资企业中文化冲突产生的原因，分别是种族优越感（或民族中心主义）、价值观及态度差异、风俗习惯及宗教信仰差异、教育及法律环境差异、跨文化沟通障碍、管理模式的跨文化差异。

第三章，跨国经营中的文化冲突表现形式。将文化冲突的表现形式分为显性文化冲突和隐形文化冲突，再进一步对于显性、隐性冲突的表现进行描述和解释。

第四章，跨国经营中的文化冲突影响研究。对跨国经营中文化冲突的影响进行深入的剖析，将问题细化为文化冲突对经营方式的选择、组织管理的形式、市场营销决策以及人力资源管理的影响。

第五章，跨国经营中的文化冲突管理策略。在前文的基础上，对于跨国经营中的文化冲突提出管理文化冲突时的基本原则、策略以及建议。

第六章，跨国经营中文化冲突管理的建议。

本书的研究逻辑框架如图 1－3 所示。

提出问题
绪论
跨国经营中的
文化冲突
原因分析
分析问题
论证
跨国经营中的
文化冲突
表现形式
跨国经营中的
文化冲突
影响研究
解决问题
跨国经营中的
文化冲突
管理策略

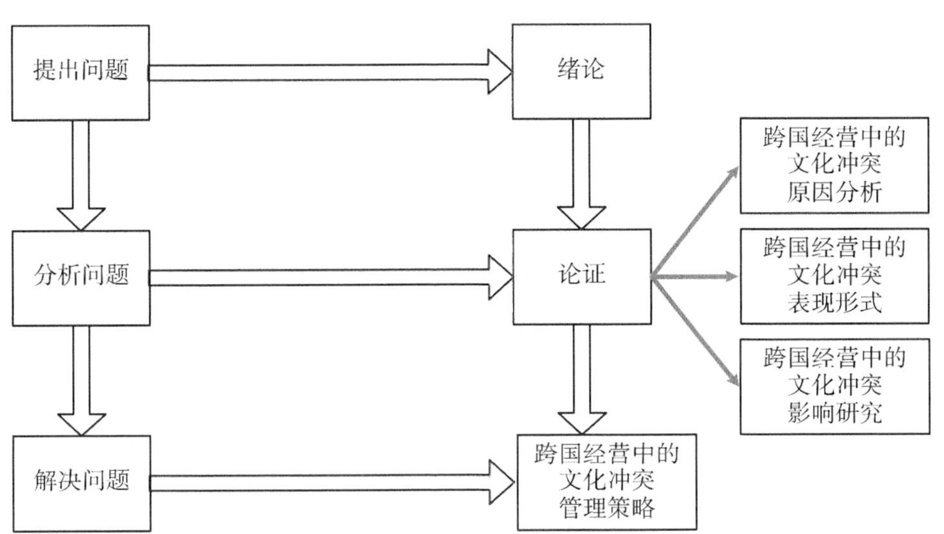

图 1－3　本书逻辑框架

第二章　跨国经营中的文化冲突原因分析

随着全球经济区域一体化，越来越多的公司进入了无国界经营阶段，但无国界并不意味着无文化的界限和差别，而是意味着公司在跨国经营时将面临更多的陌生文化环境，面临更多的差异、矛盾、冲突以及挑战。

跨国企业在经营过程中会面临各种文化冲突，既包含了在独有的国家文化背景下，自身固有的文化观念与东道国自身长期形成的文化观念的不同而产生的文化冲突，同时又包含了在特有的企业文化背景下，企业内部来自不同地域的成员之间相互接触和相互摩擦时而产生的文化冲突。

企业跨国经营所面临的文化冲突发生的原因，从宏观上讲，包括社会政治、经济、宗教、教育、法律体制等方面的影响因素；从微观上讲，包括各国企业的管理模式、管理体制、沟通方式以及员工的工作态度、时间观念等方面的一些具体差异。下面就将其主要影响因素加以分析论述。

一、种族优越感（或民族中心主义）

民族优越感（Ethnocentrism）是一种相信自身种族或族群是重要的，并认为其他族群都和自身族群有关联性的倾向。具有民族优越感的个人会判定其他族群与自身族群或文化有关联，尤其是语言、行为、习俗与宗教方面。Sumner曾定义民族优越感为这种对事物看法的专有名词是指：一个人自己团体是一切事物的中心，且其他事物都以此为衡量和评估标准。[①] 这种民族上的优越感可定义每个族群独特的文化认同，与此同时，每个民族自然就会有其自身的一些行事方式。所有的文化、所有的民族都孕育种族精神。跨国经营管理的管理者在一定程度上是他们自己文化传统的俘虏，无法逃避宗教信仰、语言、行为方式的各种束缚。无论是自己所知还是未知的，一般都对自己的文化有着强烈的赞美、高度的认同，认为自己的文化是无可替代的、无与伦比的，因而就会片面地贬低外国文化中未知和陌生的事物，在不同程度上鄙视他国文化。

具有种族优越感的人们在看待外国文化时，他们所观察到的行为不仅是低等的，而且表现为野蛮的。这种种族优越感、民族歧视和隔阂是文化冲突存在的深刻而普遍的根源。跨国经营企业中的员工尤其是管理人员，常常具有较强的种族优越感，把自己的文化说成是优秀的、文明的、中心的，而把其他文化说成是低劣的、野蛮

① Merton Robert King, Sztompka Piotr. On Social Structure and Science [M]. University of Chicago Press. 1996.

的、边远的，并且有偏见性地对待异族文化，习惯于按自己的文化眼光去观察、理解和对待其他民族的文化，难以接受不同的生活方式和管理方式，这是导致文化冲突的主要原因之一。

二、价值观及态度差异

（一）价值观差异

价值观是指人们对事物的看法、评价或所持的一种态度。人们生活在不同的国家、不同的地域，不同的文化氛围自然会逐渐形成不同的价值观。价值观对客观事物和人的行为具有导向、制约和评判的作用。价值观的一大特点就是具有相对稳定性和连续性，它既不会每时每刻发生变化，也不会完全僵化和一成不变。

在不同的文化背景下，人们的基本价值取向并不相同，甚至可能是截然对立的态度和观点。这些价值观的差异也是跨国经营企业所面临冲突的重要原因之一。

1. 集体主义和个人主义

集体主义与个人主义最早是由荷兰管理学家霍夫斯泰德提出的，通过后来学者的广泛研究和观察，对这两种相对的价值观念有了更深入的认识。所谓集体主义是指一种社会价值观，是人们从出生就融入一个小群体中，并通过对该群体的衷心维护来获得保护；而个体主义则与之相反，是一种强调个人利益、自由、隐私的价值观。

据统计，中国在集体主义方面的得分很高，说明中国是个以集体主义为价值观的社会。中国自古是一个重伦理道德的国家，强调“人伦”、“礼教”、“三纲五常”。中国提倡的“五伦”中，每个人之间都有一一对应的关系，扮演相对应的角色并承担相应的责任和义务。在群体生活中，中国人在意他人对自己的期望和评论，在意自己在社会和群体中所处的地位。其个人的价值往往也是通过社会和集体来得到充分的体现。因此，中国的集体主义观到现在也是人们的主流价值观。

与中国的集体主义相反，国外很多国家则崇尚个体主义。在外国人的价值观中，个人的独立与自由、个人利益与价值是至关重要的。就如撒切尔夫人在她的演讲“Let Me Give You My Vision”中一段精彩的话“每个人必须被允许以他选择的方式来发展他内在的能力，并且他必须知道他有这样的能力”。[①] 经典地向我们展示了什么是个人主义。同样我们可以联想到的例子，在联想收购汉普国际的过程中，汉普国际的员工一直以西方的个人主义的方式在工作，但在联想的集体主义思想中，他们受到了严重的束缚而被迫离开。因此东西方国家民族文化之间的差异虽然不如企业内部文化冲突这样显著，但在工作中其所造成的影响却是根深蒂固的。

2. 个人隐私

在欧美国家，隐私与交际一样，同属人类的基本需求。因为文化的不同而导致的在隐私方面的价值观，东西方文化也是有很大差别的，如在中国，询问同事之间的年龄并没有任何冒犯之意，而在

① 韩笑．浅谈中西文化的价值观差异［J］．胜利油田职工大学学报，2001（3）．

开放的西方社会中，询问他人的年龄尤其是女性的年龄是不礼貌的，因为年龄属于隐私的范畴。

3. 自立精神

其实自立精神是个人主义精神的进一步体现。在欧美，一般来说成年公民（年满18岁）都倾向自己选择自己的行为，并为自己的行为负责。而这与东方的传统文化大不一样，中国的多数孩子都缺乏独立和主见，遇到事情总是想着寻求他人的帮助。而在跨国经营企业中，缺少独立精神的人一般都是会被淘汰的。在价值观大相径庭的环境下，因价值观而引发的各种冲突也屡见不鲜。其主要表现为风险价值观的差异和冲突，对于普通员工来说，价值观念的冲突集中表现在对待工作和成就的态度上。我们以美国和德国为例，美国人热衷于冒险，喜欢民主，追求个人主义，喜欢略带轻松和幽默的工作环境，这与德国的冷漠，严肃，稳健的风格大相径庭；加之这两个民族又都有很强的优越感，如果该公司就是在美国和德国经营，那么高层主管之间自然很难相互沟通。

通过以上三个方面的分析，我们可以深刻地体会到价值观在跨国经营企业中占有很重要的地位。难怪阿里巴巴在收购雅虎的过程中，其总裁马云提到“什么都可以谈，只有价值观不能谈”，由此也可以看出价值观对管理文化冲突起着至关重要的作用。

（二）态度差异

在不同的文化背景下，人们接受的教育程度不同，自然形成的观念也就不同，因而人们对待时间、工作、变革等的基本态度也有很大差异，这些态度方面的差异也会引起跨国经营企业中的文化冲突。

1. 在对待时间的态度方面

20 世纪 60 年代，西方国家学术界兴起对文化差异进行系统的理论研究，美国著名人类学家 Hall 应该是第一位把时间概念作为研究不同文化的重要切入点的学者，他根据对时间的不同概念，把西方许多国家归属于一维时间文化的国家；而把东方及南美国家划分在多维度时间文化的国家中。属于一维时间文化的人，在一定时间内只能从事一件事情，把时间当作是有经济价值的东西。在工作中避免打扰他人，同时也不希望被别人打扰。相反地，多维度时间文化的人，时间概念是环周形状，应用时间比较富有弹性，可以在同一时间内做好几项工作，在会客时间，面对来宾也照常接听电话。

在西方国家中，德国是一维时间文化的典型代表，他们做事精心策划，按部就班，准时完成。而属于多维时间文化的典型代表南美国家的人则不是那么遵守约定，排队毫无秩序，对他们来说，最重要的是完成任务，而不是恪守时限；另外，把同家庭、朋友以及同事之间的关系置于首位，在时间安排上，优先考虑。因此，他们可以随时中断手上的工作。

现代中国由于受西方文化的影响，尤其在经济比较发达的地区，对原有的传统时间概念发生了转变。在工作中他们引进“时间就是金钱”的观念，但在日常生活中，中国人依然属于一个比较典型的多维度时间文化代表。

2. 不同国家或地区人们的工作习惯和工作态度也有很大差异

Harris 在 1991 年对美国、日本和欧共体内的总共 15 个国家的 3707 名办公室员工进行了员工工作态度的调查，发现这三个地区的员工态度存在明显的差异，如表 2－1 所示。

表 2－1　欧、美、日三国员工的工作态度差异

单位：%

项目	美国	欧共体	日本
对工作非常满意	43	28	17
对本公司生产的产品和服务感到骄傲	65	37	35
对报酬感到满意	44	26	15
相信管理层诚实和通情达理	40	26	16
感到自己能对公司有许多贡献	60	33	27
相信事业成功极有助于实现自己的人生目标	53	65	31
认为公司管理层关注家庭需要	35	19	21
力争第一次就把事情做好	67	40	33
认为工作时间太长	21	31	33
不担心下岗	56	56	50

资料来源：Milkovich George T. , Boudreau John W. Human Resource Management [M]. Richard D. Irwin , 1994.

另外，对待薪酬福利等企业经营管理的各项政策各个国家也各不相同。如薪酬福利，日本企业与我国企业就有着完全不同的理解。日本本科毕业的大学生，刚开始的工资一般不高，但是在日本国内工作二三十年以后，特别是到了快退休的时候待遇会非常好，可以拿到丰厚的退休金。而在中国，大学生刚毕业的时候正如日本很多大学生一样，不会拿到很高的工资，但是并不能保证在快退休时会得到很好的待遇，因为是否能得到高待遇与个人职位有关甚至有时取决于人脉圈等外界因素。除此之外，各个国家在面对改革时，接受的程度也具有差异性。这种接受的程度受到很多方面的影响，如总结因素、风险偏好程度、悲乐观程度等，在一定程度上一个国家的年龄组成也很大程度上影响着人们的态度。一般来讲，传统势力强大、文化悠久的国家趋向保守，年轻的国家则越少偏见，易于接受新事物。如中国人尊重权威，特别怀旧、崇古，以至于缺乏积极进取精神；美国人则欢迎变革，敢于冒险，乐于接受新事物，具有开拓进取精神。

三、风俗习惯及宗教信仰差异

（一）风俗习惯差异

风俗习惯是指个人或者集体的传统风尚、礼节、习性，是特定社会文化下历代人们共同遵守的行为模式或规范。风俗习惯在我们的生活、工作乃至学习中无处不在，遍及方方面面，有饮食习俗、服饰化妆习俗、送礼习俗、节日的风俗习惯等。世界是一个大家庭，每一个国家或地区都有着浓浓的地域气息。强烈的乡土特征和带有浓厚的感情色彩的风俗习惯，经历着百年的考验，流传下来，一代接着一代，在历史的长河中，翻腾、积淀和吸收，直到现在乃至将来都会深深地根植于国民深处。因而作为跨国经营企业的经营管理者必须在全球化中，时刻跟紧步伐，去了解、尊重和适应东道国的风俗习惯，做到“入乡随俗，适者生存”。

1. 关于动物、色彩、数字和节日的习俗差异

不同的国家对动物的好恶差异极大。各个民族在历史的进程中

由于心理、自然和文化的原因，赋予了许多动物一定的象征意义，来寄托人的感情。

在东方人心目中，孔雀是美丽的象征，但在法国却被视为祸鸟；喜鹊（Magpie）在汉语中是一种吉祥之鸟，民间认为喜鹊报喜。传说每年七月七日，牛郎织女银河相会，喜鹊群集搭桥，但在英语中 Magpie 常用来指饶舌或者喜欢收藏破烂，什么都舍不得扔的人。

除了对动物赋予了不同的意义，各国对颜色的爱好和禁忌也是不同的。在墨西哥，白花令人振奋，黄花意味着死亡，但在泰国黄色表示高贵。在中国白花用来表示对死者的哀悼，红色代表着喜庆，如在婚礼和春节都喜欢用红色来装饰。结婚，生孩子等叫“红喜”。红色还象征着党和国家及革命，而在英文中 Red 代表暴力，血腥或者危险，如 Red Ruin（火灾），Red Battle（血战）。再如，在西方自古以来紫色就是宗教的颜色。在基督教中，紫色代表至高无上和来自圣灵的力量。犹太教大祭司的服装或窗帘、圣器常常使用紫色。天主教称紫色为主教色，紫色代表着尊贵慈爱。在高礼仪教会，如天主教、圣公会，会换上紫色的桌巾和蜡烛。然而和西方不同的是，在中国传统文化中，紫色并非正色，而是由红色和蓝色组合而成。有关紫色的最早运用见于《论语》，其中有“恶紫之夺朱也，恶郑声之乱雅也，恶利口之覆邦也”。由于这一典故，人们往往把以邪犯正、以上乱下、以紫夺朱等与紫色相联系，紫色逐渐在中国的传统文化中就被赋予了邪气、歪道等含义。

数字在不同地域，不同国家也被赋予不同的含义。即使同是亚洲国家，中国人对“6”和“8”有着特殊的偏爱，认为它们意味着“好运”或“发达”，而在另一些亚洲文化中，“8”是不吉利的数字，经常与死亡联系在一起。西方国家对数字13也很敏感，因为“13”有着不祥的预示。

中西方的文化差异还显著地表现在节日方面。除大家共同的节日，如新年等，双方还各有自己独特的节日，中国有传统的春节、端午节、中秋节等；而西方则有情人节、复活节、愚人节、母亲节、感恩节和圣诞节等。中西方节日的风俗习惯也很不同；在节日里对于别人送来的礼物，中国人和西方人所表现的态度截然不同。中国人往往要推辞一番，表现得无可奈何地接受，接受后一般也不当面打开。如果当面打开并喜形于色，可能招致“贪财”的嫌疑。而在英语文化中，人们对别人送的礼品，一般都是要当面打开称赞一番，并且欣然道谢。

2. 商业习俗差异

商业习俗是长期形成的经营习惯，虽不像法律那样有约束力，但是一旦违反，便会给双方带来不快和误解。如中国职员的情感属于内敛型，不喜欢公开批评或提建议，尤其是下属对上司不敢表露任何不满情绪，即使心存不满，也宁可忍气吞声，以求相安无事。与此相反，西方文化成员乐于公开讨论问题，互相指出缺点，下属敢于对上司表达不满情绪。

领导风格方面的跨文化冲突也起着关键的作用。中国是一个具有高权力距离的社会，但同时又是一个讲求关系、重人情、讲面子的社会。上司与下属的关系带有较强的感情色彩，因此，中国企业的领导风格体现出父权主义和家长式领导。中方管理人员属于指导型领导者，下达任务时很少给员工授权，在完成任务的过程中下级被动地服从上级的指示，一旦出现问题管理者将承担责任。而外方管理人员属于导向型领导者，通常会给下属制订一个目标，给员工充分授权，鼓励员工独立自主地完成所下达的任务，最终以成果来衡量目标是否完成，他们一般不干预目标完成的手段。这种权力距离方面的差异存在致使中国企业高层管理人员拥有比他们的西方同事更大和更广泛的权力，而中低层管理人员得到的授权则远远小于西方的同等级人士，因而形成了中国的中低层管理者不善于做出决策的行为特征，这也是西方管理者与中方冲突最多的行为特征。

在决策方式上，中方由于受传统的中庸思想的影响，形成了群体决策，并且一般将功绩归于集体，在承担责任方面倾向于分散决策的责任，而不是勇于承担责任。但由于受个人主义文化的影响，西方管理者倾向于决策的集权化，习惯于个人决策风格。决策主体一般为企业领导个人，决策迅速，决策成败的责任则由决策者个人承担，一旦发现决策不符合实际，立即加以修正。

中西方不同的决策风格使得企业跨国经营管理带来了巨大的挑战。在企业中，因人们总是自觉或不自觉地依据自身的价值标准与行为标准作判断，而缺少主动地对其他文化类别中价值观念与行为准则的了解，致使双方管理者对彼此不同的决策风格产生消极评论，从而大大地影响了企业跨国经营的效率。

此外，在商务洽谈中，中西方的商务礼仪习俗也深受文化的影响。如在墨西哥，商人在会谈中关切地问到对方配偶和家庭的问题，这是极好的寒暄问候，然而在阿拉伯国家是一大忌讳。此外，一些阿拉伯人还认为人的脚板是人身上最脏的一处，因而在商业谈判的时候将自己的鞋底或脚底朝向别人，他们认为是对别人莫大的冒犯。

3. 思维模式差异

思维方式是相对定型化呈现出来的社会理性活动的思维样式和思维结构，它具有习俗化的特点，并且广泛地渗透在人们的生活、情感和行为方式等领域，即所谓的思维定式。正如季羡林所说，“一个民族典型的思维方式，是一切精神文明（甚至一些物质文明）生产的基础，它必然表现在多个方面。”[①]思维方式因人而异，来自不同文化背景的两个人之间的差别就更大，虽然各种文化群体的人有共同的思维规律，但也有在自己文化氛围中形成的各具特色的认知和思维习惯。

思维模式是民族文化的具体表征，它是受不同文化、个人知识结构、社会与工作环境及习惯等多方面的影响而形成的。在不同的民族文化环境里，人们的思维习惯和方式是不同的。如中国人出于礼貌请别人先做某事会说“您先来”，而英美国家的人说“After You”。这看似相同的表达其实是完全不同的，汉语用“先”来表达，而英语中用“后”表达；再如在大多数东方语言中中国谈到人的姓名是代表全家族的姓在前，代表个人的名字在后；以及当说到日期时，中国是按年、月、日的顺序排列，在写地址时，是按国名、省、市、区、街道、门号、姓名的顺序写。总的来说都是由大到小的顺序，而西方人正好相反。这体现了东方人的逻辑思维方式是从大到小，从整体到局部。

① 靳利华．论文化民族性对国家外交的影响［J］．石家庄学院学报，2005（5）．

（二）宗教信仰差异

宗教是文化的重要组成部分，是文化中真正能够持久的基质。它同一个民族的民族意识紧密结合在一起，凝聚着一个民族的历史和文化，是一个复杂而敏感的文化问题。

首先，中国宗教信仰中，以“天、地、君、亲、师”五位一体为崇拜对象，认为“天地者生之本也，先祖者类之本也，君师者治之本也”，因此要求“上事天，下事地，尊先祖而隆君师”，其信仰格局是从秦汉以来逐步形成的；而在西方社会中，在基督教的信仰中，上帝是至高无上的崇拜对象。圣父，圣子，圣灵三个格位也是统一的，即所谓“三一论”。在基督教的天主教、新教和东正教三大教派中，教义和教礼虽然有差异，但是必须尊奉至高无上的上帝耶稣。

其次，中国人的宗教信仰其实是具有很强的功利性和现实性的，而西方人的宗教信仰却具有很强的教义意识。中国人的多元化信仰源于中国固有的社会结构，众所周知，中国是长期以农业生产为社会结构的主体，中国的民众主体是农民，他们以农业生产为主，因而养成了祭神的习俗。而正如上文所提到的西方人的宗教信仰特征则具有很强的教义意识，只是由于西方宗教一元化的信仰特征和强有力的教派、教会、社区组织，加之西方社会具有宗教教育的传统，所以对于基督教教义，大多数新教徒都是有一定了解的。

最后，宗教信仰还直接影响各国人民的生活习惯和行为偏好。从宏观层次看，宗教影响着语言、社会结构、经济制度以及其他大量的社会文化成分；从微观层次看，宗教决定着一个社会中团体与个人的行为。宗教信仰不同，人们认识事物的方式、行为准则和价值观念也不相同，对同一事物可能有着截然不同的态度，从而导致不同的需求偏好和消费模式，这对合资企业的经营成败有重大影响。

世界上大多数人都有对某种宗教的信仰，如西方文化受基督教和犹太教影响较大，东方文化则受佛教、儒教和印度教的影响较大。在企业跨国经营过程中，总会面临企业成员在宗教问题上具有的潜在矛盾，管理者应尽可能避免宗教矛盾以及由此引起的文化冲突。一方面，管理者要注意宗教在一个社会里的重要程度。在宗教发挥作用较小的社会里，人们对外国人所犯的宗教上的错误往往比较宽容；而在以宗教信仰为基础的社会里，人们不会容忍外国人在宗教上所犯的错误。另一方面，管理者还应了解各宗教彼此之间的宽容程度。在宗教信仰相当重要的社会里，信仰某种宗教的人会认为自己的宗教是正确的，而其他宗教是错误的。只有有效地避免因宗教信仰而带来的差异影响，跨国经营才可以在国际舞台上取得显著的成绩。

四、教育及法律环境差异

（一）教育差异

当今世界的竞争是人才的竞争，人才的培养需要靠教育，教育的成功关系到国家的前途。但由于中西方在教育上存在很大差异，因此探讨中西教育的差异对我们实现教育现代化推进社会的经济发展有重要的意义，同时对企业跨国经营方式、模式、人才的选取等多方面也起到至关重要的作用。

教育是一种文化现象，是构成文化系统的重要组成部分，不同的地域和不同的文化造就了教育不同的形式。随着人类社会的发展，教育是社会文化中不可分割的组成部分，在一国文化中具有特殊地位。它是对历史文化进行传播和延续的重要手段，又是各国文化进行交流的平台。我国越来越重视教育，推行了多次的教育改革，“九年义务制教育”、“大学扩招”等，都说明了教育是一切的基石，是一个国家活力的源泉。但是因为地域、文化的影响，中西方的教育观念还有着本质的差别。

1. 创新精神的差异

对比中国与西方的学生，中国的学生学得多，悟得少；西方的学生则是学得少，悟得多。中国学生大多表现为基础扎实，思想依附，唯师是从，唯书是从，缺乏创新精神；而西方的学生大都表现为敢想，富于竞争。众所周知，几千年来中国教育有一个显著的特点，就是注重基础，重视基础教育，但是遗憾的是过分地强调了基础知识，让学生失去了创造力和探索能力。正因如此，在大多数的高端技术、IT 行业，外国雇员的数量会比中国雇员多，因而对于企业跨国经营时，人力资源部门在选拔人才时所面临的至关重要的问题就是要合理地利用中西方雇员的特长，让他们既可以在岗位上得到充分的发挥以及被他人认可，同时对于公司的经营也要起到积极的贡献作用。

2. 独立性，自主性的差异

中国家长受到多方面的思维限制，认为孩子是“自己的”、“不懂事”的，对孩子负有全面的责任，所以要求孩子顺从；而在西方，家长普遍认为孩子从出生起就是一个独立的个体，有自己独立的意愿和个性，一般不替孩子做选择。

教育可以看成是每个人走向成人社会所接受训练的全部过程及内容。这是一个学习的过程，是传授知识与信息的过程。教育影响着人们的观念、需求及对产品和技术的接受程度，世界各国的教育水平和层次是不同的，有着很大差异且教育体系、内容、侧重点和方法更不同。如印度的教育侧重点在计算机、工学方面；泰国则在宗教、文学、社会学方面；欧洲教育比较重视知识和思想的传授；美国则比较重视启发与务实。相对而言，西方的课堂教学非常重视突出学生的主体地位，鼓励学生有效地学习和参与、评估事实、相互协商、做出决定、解决问题。

教育产业是一个国家的重要产业，同时也体现出了一个国家的国民素养和综合实力。一方面，一国的教育水平和结构决定着该国的国民素质和人才结构，直接影响东道国人力资源的质量及合资企业对东道国人员的任用和培训。在教育水平较低的国家和地区，合资企业很难聘用到符合要求的技术人员和管理人员，必须根据当地工人的实际能力和习惯进行强化培训，才能获得较高技能水平的雇员。而在教育水平较高的国家和地区，企业所有的用人需求均可通过在当地招聘来解决。另一方面，教育水平的高低也影响人们的消费习惯和消费偏好，不同教育水平的人对消费品款式、颜色和质量的偏好和选择是不同的，直接影响着企业的市场定位和营销策略的选择。

（二）法律环境差异

各国不同的经济环境，不同的思维方式，不同的教育模式、教育理念，不同的地理环境使每个国家和地区的法律文化也存在巨大差异。

中国是一个传统的农业大国，自给自足的自然经济以家庭为最基本的生产单位，并在此基础上形成了以宗法血缘家庭为基础的宗法制国家，而西方则有着悠久的商品经济历史，意味着利益的分化和不同经济利益主体的形成。东道国的法律环境差异是制约和影响合资企业经营活动的一个重要因素。这主要体现在三个层次上：

1. 法律形式方面的影响

在法律的制定、执行和法律概念、术语的创造与运用上形成的各自不同的传统。目前，世界各国的法律大致可归纳为三种形式，即三大法系。第一类为大陆法系，亦称成文法，其特点在于法律规则由国家机关依照一定的程序制定，并以规范的文件形式表现，判案则以法律案文为依据进行。第二类是英美法系，又称习惯法，主要为英美等国惯用。其法律规则不以规范性文件形式表现，判案主要以过去的相同判例为依据。第三类则是哲学或宗教法系，特点是以各宗教派别的教义为规范调整人们的基本行为，而并不以具有法学性质的规则为依据。

2. 一般法律规范的影响

企业的经营不仅受到三大法律体系的限制，同时也会被其他与经营相关的具体的法律所限制，其中包括对企业实施管理的法律、保护消费者利益的法律、社会环境保护立法等方面。因为各个国家在不同的文化、不同的教育、不同的法制体系下，因而要采取相应的、适合该国的相关法律法规。

3. 有关国际经营的特别立法

东道国有关国际经营的特别立法，如在经济自贸区内会有一些相关的优惠措施，在直辖市更是给予更大的权力让其更快、更好地发展经济而带动整个社会的国民总收入，其中也包括对外贸易法律制度、涉外投资法律制度、技术转让与涉外工业产权法律制度及涉外争议处理法律制度四大类。

此外，企业跨国经营还要注意国际法的一些通行原则和细则在东道国通行和适用的程度，包括东道国与其他国家之间就关税、贸易、产权保护等问题签订的国际性条约或协议等。通过多个方面的法律法规的监管，使跨文化的交流有了更高的保证，同时也加快了世界经济的发展步伐。这些都在一定程度上反映了东道国政府的立场和态度，应引起管理者的注意。[①]

五、跨文化沟通障碍

跨文化沟通是指具有不同文化背景的人们互相之间进行的信息交流或沟通行为，其特点在于双方文化背景存在文化差异以及不同文化背景的沟通主体进行直接和间接的接触。由于地域、种族、国

① 刘晶晶．合资企业中的文化冲突及管理对策研究［D］．辽宁工程技术大学博士学位论文，2006.

别、价值观、意识形态方面的不同而导致较大的文化差异，使得跨文化的沟通变得艰难。全方面地了解文化，是人类行为的基础，是取得更好、更有效的沟通的基础，对于一个企业来讲，沟通像人的神经系统一样不可缺少，企业中的相互了解、获得反馈、衡量成果、进行决策以及部门之间的协调等，无不依赖信息的沟通。

（一）跨文化沟通过程

跨文化沟通，通常是指不同文化背景下的人之间发生的沟通行为。因为地域不同、种族不同等因素导致文化差异，沟通是指为了设定的目标，凭借一定的符号载体，在个人与群体间传达思想、交流情感与互通信息的过程。具体过程如图 2 – 1 所示。

Samovar 和 Ponet 将跨文化沟通定义为：文化认知力和符号系统截然不同的人之间的沟通，这种不同要大到足以改变沟通活动，它不仅是指意义的传送，更重要的是指意义必须被理解。一个完整的沟通过程应包括以下七个要素：发信者、编码、信息、渠道（媒介）、接收者、解码和反馈，并且受到多方面的影响。如信仰、价值观、心态系统、世界观、组织等方面会对其有影响。在沟通过程中，发信者所要传递的思想、意见、消息等通过某种方式变成接收者所能理解的信息（语言、文字或其他符号）传送出去（即编码），经由一定的渠道让接收者接收。接收者接收之后将信息译解，变成自己的观念（即解码），做出行动反馈给发信者，这就构成了一个完整的沟通过程。沟通过程模型跨文化沟通是指发生在不同文化背景下的人们之间的信息和情感的相互传递过程。在沟通过程中，当编码者和解码者是来自不同文化背景中的成员时，就发生了跨文化沟通，因为很有可能产生语言的不对等，在理解上也就会出现偏差甚至导致巨大的损失。

企业在进入另外一种文化的商业环境时，就是在进行跨文化沟通。跨文化沟通与一般沟通的区别在于，沟通的几个要素都受到文化的深刻影响，打上了文化的烙印。信息的发出者是某种文化的成员，按照该种文化的意愿编码，并选择该种文化下最恰当的途径传递。而信息的接收者是另一种文化的成员，他接受了某一渠道传来的信息，这一传送渠道在他的文化背景中也许已经包含了一定的意义。他在自己的文化环境中将接收到的信息进行解释，从而获得在该种文化下信息所代表的意愿。

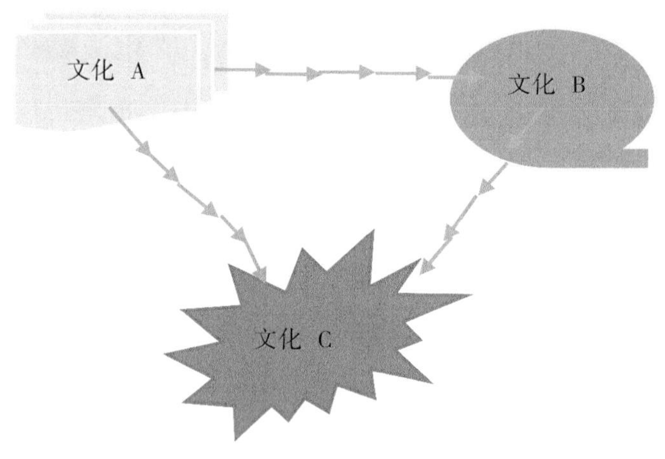

图 2-1　跨文化沟通过程

（二）跨文化沟通的主观障碍

异域文化的差异是社会化的结果，也是跨文化沟通的障碍之一。跨文化沟通的主观障碍指由于沟通双方的主观原因而给沟通造成的障碍，包括三个方面：

1. **国民刻板印象**

一位美国教授带了几位不同民族的研究生，让他们在暑假里以“象”为题写文章。暑假过后，英国学生交上来的文章题目为《猎象记》，法国学生交的是《大象罗曼史》，德国学生交的是一本厚厚的《象类百科全书》，俄罗斯学生交的是《论象之存在的唯物主义前提》，中国学生交上来的是《象肉烹调法》。这个笑话十分形象地说明了英国人的体育崇拜、法国人的浪漫情调、德国人的学术爱好、俄罗斯人的哲学刻板、中国人的美食追求。无论是在老百姓中，还是在心理学家那里，对于不同国家的国民都有不同特点的描绘，这种对于其他各国国民固定的、概括性的看法，被称为国民刻板印象。国民刻板印象的形成大多来自道听途说，而非直接的接触与交往；大多是人们的经验之谈，而未予以科学解释，它们妨碍着彼此深刻真实的了解和沟通。

在企业跨国经营过程中，企业要面对不同民族和国家的人，如果沟通一方以已有的国民刻板印象或成见看待另一方，必然会失之偏颇，容易出现偏差，不能很好地认识、评判对方，影响双方的沟通交流。同时，刻板印象又是主体文化特征的反映。一方面，它可以帮助我们认识这些群体；另一方面，如果只限于这些已有的印象，用预期的心理处事，放弃沟通的机会，往往会出问题。存在刻板印象的团体之间如果彼此缺乏信任，退避而不主动沟通，搞种族中心主义，或利用权力简单行事，这种由于文化背景不同所造成的目标上的差异等都会导致文化冲突，继而成为跨文化管理的障碍。

2. 晕轮效应

晕轮效应在跨文化沟通中同样存在。它是指对某个人或事物的整体印象影响到对其具体特征的认识和评价的一种心理现象。如当你认为某个人不好时，会觉得他什么都不顺眼，他就会被消极否定的光环所笼罩，一无是处；当你认为某个人很好时，他就会被一种积极肯定的光环所笼罩，你会觉得这个人什么都好。

晕轮效应形成的机制是中心性质扩张化，是一种以偏概全的心理偏差。人们会将美好的事物进行无限制地放大，对恶劣的事物也无限地放大而导致失去了判断力。在跨文化沟通中，如果沟通者对某种文化或处于该文化中的个体存在某种偏好或成见，就会对其持全面肯定或否定的立场和态度，这样不利于对对方文化进行全面的认识和了解，对其做出客观、真实的评价，也不利于与对方进行有效的跨文化沟通交流。这种不良的主观心态也是跨文化沟通的障碍之一。

3. 自我投射

自我投射是指人的内在心理的外在化，即以己之心度人之腹，把自己的情感、愿望、意志、特征投射到他人身上，强加于人，认为他人也是如此。

自我投射效应是人从自我出发去认知他人，自我与非我不分、主观与客观不分、认知主体与认知客体不分。在企业中，如果成员以自己的文化价值观为基础去认识对方，以自己的态度和标准为依据评价对方的言谈举止，必然造成跨文化沟通障碍。

(三) 跨文化沟通的客观障碍

跨文化沟通的方式很多，不论是有声语言还是无声语言都有着不同的跨文化差异，因而跨文化沟通的客观障碍也就有很多。企业在跨国经营过程中要注意信息传达与接收的过程，只有理解不同国家的文化，才能更好地将商务与管理等其他管理原理很好地运用在企业中。

跨文化沟通的客观障碍可以大致分为：思维方式的差异、决策方面的差异、企业之间的地区差异、语言文字差异、体态语言差异、思维及生活方式差异、信仰及风俗习惯差异、民族心理差异、审美心理差异。

1. 思维、决策方式的差异

思维方式的差异是在人的素质结构的基础上经过不同的民族文化熏陶而形成的。思维方式是民族文化的具体表征，如中国人偏好形象思维和综合思维，而英美人则偏好抽象思维和分析思维；中国人注重统一，而英美人注重对立。西方人实证主义的思维方式与东方人演绎式的思维方式，也常常是企业跨文化沟通中构成冲突的原因，使企业管理者不得不予以注意。因为文化的差异不仅表现在头脑思维中，更具体地体现在企业经营管理的各项政策的制定和执行中，如薪酬福利，日本企业与我国企业就有着完全不同的理解。

日本本科毕业的大学生，刚开始的工资一般不高，但是在日本国内工作二三十年以后，特别是到了快退休时，待遇会非常好，可以拿到丰厚的退休金。所以对于日本学生来说刚开始可能就不会那么在乎自己的工资。而对于中国国内广大的员工，他们考虑的是在他们贡献短暂青春的时候能够多拿一些，挣得财富养老。所以每次在招聘时，日本人认为，国内的海外留学毕业生就应该与日本本科生一样，不能打破这个平衡，但如果是这样的话，企业可能招不到所需要的人，因而他们需要了解两国之间的文化差异而适当地调整薪酬体系。

2. 企业之间的地区差异

任何企业都有其特定的地域特色，如不同的国家背景，不同的民族背景；即使在同一个国家也有不同的地域之分。企业客户市场之间的差异、不同国家的各自不同的上下游客户，他们有着不同的领域，对企业跨国经营提出了更高的要求，从进入市场，选取目标客户，制定相关的战略等，甚至有时候选取供应商都要慎重考虑，是继续保留原来的供应商？还是重新评估选择？又或者是另辟新路等。

针对上下游客户则应该采取不同的战略，如以下游客户为例，针对下游客户，能否保持其原有的客户？能否开辟新的市场领域？新开辟的市场能否弥补失去的部分？或者重新进行市场定位，定位尺度如何确定等问题都是企业跨国经营过程中所必须面对的。

3. 语言方面的差异

语言是沟通的基础，是交流信息发送和解读的途径和方式的决定因素。来自不同文化背景的信息发送者和接收者，由于价值观、行为准则及风俗习惯特别是语言的差异，二者之间的沟通必然会产生诸多障碍，但语言从来都是连接世界的桥梁，不是词句的机械集合，它代表某种文化背景下的思维模式。文化差异对跨文化经营的负面影响主要源于对文化背景迁移的忽略，及信息的接收者常用受己方文化模式影响的解码规则套解他方信息，忽略了信息发送者的文化背景，其语义系统的内质，以及信息传递中介语的文化背景与性质，经常因交流信息错位而产生误解，语言的差异严重地影响了交流。

由于高含蓄文化的国家使用的是高情境语言，许多信息的传递要通过肢体语言上下文的联系情境才能恰如其分地理解，其他语种的国家或许很难在母语中找到对应的词语，这样就难免产生矛盾和冲突，不同的文化产生不同的语言，每种语言都有自己独特的文化内涵。在跨文化沟通中，语言的多样性与复杂性常常是造成沟通障碍的主要原因。

4. 语言符号差异

语言是沟通过程中最重要的沟通工具，是我们人与人之间沟通的基础，但是由于各个国家的语言体系不同，它不仅是词和句的集合，还表达了一种文化的思维模式和思想特征，是传递一个国家文化的关键因素。语言文字是文化的载体，是文化的结晶。语言文字涵盖包容一切传统文化氛围。

如果说，我们每一个人无不生活在现存的传统文化氛围中，那么，在各种现存的传统文化氛围中，最根本、最核心并能够贯穿人始终的，只能是个人所使用的一定民族、一定类型的语言文字。因此语言在中西方文化中扮演着至关重要的角色，而使得语言符号成为交流过程中的阻碍。在企业跨国经营过程中，语言符号的差异也是造成跨文化沟通失效的重要因素之一，这主要体现在两个方面：

（1）语系、语族的差异。由于不同的历史渊源、地域分布、种族传统等复杂因素，地球上的语言划分为若干语系，如印欧语系、汉藏语系等。同一语系内部按各语言之间亲属关系的远近，又可分为若干语族，如印欧语系分为印度语和日耳曼语等不同语族。在跨国经营企业中，由于不同语系、语族的语言存在不同程度的差异，来自不同国度、不同民族的成员之间的交流就往往因语系或语族的不同而变得困难，这时往往需要通过翻译才能顺利进行沟通。即使是同一语族也会由于地方的不同而演变成不同的地方变体，即地方方言，从而造成沟通困难。

（2）词汇内在含义的差异。在不同的语言中，词汇的内在含义也有所不同，如美国人认为“Hai”是“我同意”的意思，而在日语中“Hai”表示“我正在认真听”，因而造成了两国人在沟通中的困难。再如，中国人崇尚谦虚，谦虚是美德，贬自己尊别人是最富中国特色的礼貌现象，在谈到自己或者和自己有关的事的时候要贬，要谦，而谈到对方或者与之有关的事时就要抬，要尊。最典型的就是听到别人赞扬时，往往是自贬一番，以表示自己的谦逊，如“哪里，哪里，您实在是过奖了”，或者“我做得还很不够”，等等。中国人的宴客也经常会使不了解中国文化的老外感到莫名其妙，即使美味佳肴摆满一桌，主人总习惯讲没什么可吃的，菜不好，多多包涵。而英美的客套语中虽然也有谦逊语，但从某种程度上来讲要写实得多，最典型的现象就是英美人士在受到赞扬的时候总会大方的以“Thank you!”来回应，以表示一种礼貌，因此，当他们用同样的很真诚的称赞换来“You just exaggerate!”之类的回答时，往往会一头雾水，这就是中西文化方使用客套语的差异。

5. 非语言符号差异

不同的民族有不同的文化背景和生活习惯，由此决定了不同的民族在沟通时具有不同的非言语符号。非语言符号在信息传递中的作用非同一般。按非语言符号存在的状态，将其分为身体语言符号、副语言符号和物体的操纵三个方面。身体语言符号是指动态无声型的目光、表情、手势语言等身体动作或者是静态无声的身体姿势、空间距离及衣着打扮等；副语言符号是指人们在言语交际的过程中对声音的使用，包括音高，语速，节奏，音量，音调及其他声音；物体的操纵是指通过对物体的运用等手段进行的非语言沟通。

非言语行为辅助交际，它们可以表达各种意义和信息，有很多的共性和普遍性。如世界各地的人在打招呼时都会做出一种眉毛快速闪动的动作；欢乐时人们总会不自觉地微笑；害羞时都会脸红；垂头丧气显示失望的情绪；战战兢兢反映恐惧的心理；坐立不安说明内心的烦躁。然而，并不是所有的非言语行为所表达的意思都一样，相同的非言语行为的语义信息因文化不同而异，在语言信息有限的情况下，非语言传播尤其容易导致误解的产生，不同文化的人们在交际时产生误解是很常见的事情。

如目光语行为是人们非常重要的交际手段，它的表意功能是极为丰富的。根据调查，人的面部表情占非言语行为的48.8%，其中眼与眉的行为最丰富。国外研究表明，一个人通过眼睛获得的信息占83%，通过耳朵获得的信息占11%，通过其他感观而获得的信息占6%。眼睛是心灵的窗户，是人们传递信息，交流感情的主要工具，在传递细微的情感方面，目光语起到其他言语行为和非言语行为所起不到的作用。

此外，不同的体距语也会影响公司跨国经营。体距语行为指交际中人与人之间所处的角度及空间的位置，是人与人之间传递信息、交流感情的无形力量，是人际关系密切程度的尺码。美国近体学创始人霍尔研究了人们对空间的需求，创造了“界域学”这个概念。他认为人的交际距离可分为四种类型，并指出其场合特征和人际关系的亲疏程度，这四种类型分别为：一是亲密距离，适用于关系非常亲近的交际者之间。如夫妻、恋人、儿童与父母之间，体距从身体接触到45 厘米。二是个人距离，适用于熟人、朋友、同事之间的一般熟悉关系，体距为45 ~80 厘米。三是社交距离，一般与陌生人的距离，体距为1.3 ~3 米。四是公共距离，如演讲厅等一些正式的社交场所，体距为3 米至目力可及、听力可及的距离。

在一个民族或一种文化里，用什么样的身体语言来表示什么意思是约定俗成的，人们用身体语言进行沟通的习惯和方式有差异。如果不了解或忽视这些差异，必然引起对方的误解、厌恶。

6. 称谓的差异

称谓也是语言沟通过程中的一个显著差异。称谓语是用来指称自己和别人的词语，言语交际中，称谓语是用得最广泛、最频繁的词语，称谓语对人际关系有着敏锐的反应，它不仅有提醒对方开始交际的作用，更重要的是摆正自己与交际对象的关系，在中华传统文化的影响下，很少出现直呼其名的现象，而西方社会在价值观念的影响下，更注重个人价值的实现，因此它的称呼系统要比汉语的称呼系统简单得多。同辈的兄弟姐妹和年龄相仿的父母辈亲属，一般都是直呼其名，非家庭成员的称呼更简单，一般对人称呼只要在姓氏前加上先生、女士、小姐等就可以了。

六、管理模式的跨文化差异

管理模式（Management Model）是指在总结大量管理理论和实践经验的基础上，针对管理的具体实际需要而确立的一套管理思想、管理程序、管理制度和管理方法论体系。企业是一个社会最基本的组织形式，对企业的管理受到文化延伸下来的组织观念的影响。管理模式这一路径不仅是客观存在的而且是不同国家或民族管理模式差异的根本原因。文化模式和组织观念的形成发展演化的方式以及规律也影响着管理模式的发展，目前比较有代表性的管理模式有美国管理模式，欧洲管理模式，日本管理模式和中国管理模式。用何种管理模式是不以人的意志为转移的，而是由其传统民族文化所形成的社会背景和当时的社会政治环境以及由现实生产力发展水平所产生的社会客观需要等诸多因素客观决定的。在合资企业中，各国管理模式的差异也会引发文化冲突。下面就美国、日本、欧洲及中国的管理模式作简单的比较，来看一看各国管理模式的差异。

（一）美国的管理模式

美国文化是西方文化的代表，主要特征是以力图主宰自然界为特征的物质主义为世界观、以个人主义和自主动机为基础的自我价值观、以机会均等和冒险为特色的社会伦理取向。同时，美国传统文化向来崇尚成就和金钱，具有强烈的功利主义和实用主义色彩，美国不但是一个奉行实用主义，强调利润最大化、组织效率和生产率最大化的国家；而且也是个人主义化和行动导向化的国家，对风险具有高度的忍耐性和低程度的不确定性规避倾向。同时，美国模式还属于成就需求型，强调个人的自我成就，重视民主领导方式，倾向于集体决策与参与，权力距离很近，单向沟通方式被否定，男化指标中等。美国人相信自我决断，决策是建立在精神和准确的数据上的，以功绩为基础的奖酬制度被认为是合适的。

1. 美国的跨国经营管理理念

（1）强调个人价值的自我实现，崇尚竞争冒险的个人主义。美国企业家和普通职工均认为个人利益是至高无上的，一切价值权利和义务都来自个人，处处强调自信、自尊，自我实现和自我奋斗，企业鼓励个人奋斗和冒险创新，表现出浓厚的个人主义色彩。

（2）强调规章制度和契约的约束作用，推崇硬管理。美国企业和员工之间的关系主要由一系列完备的游戏规则来维系和调节，员工分工明确，工作效率较高。美国企业的组织机构既严密稳定又有灵活性，规章制度相当完备，特别重视经营战略目标。

（3）强调管理者不仅要有传统理论所要求的各种能力，而且要有驾驭迅速变化的能力。人事管理方面，美国企业认为人员稳定是企业发展的基础，简化组织结构并广泛放权。

（4）主张淘汰，军队式的多层次的组织机构，简化组织机构并广泛放权。美国的管理层不再单一地追求利润以及雇主、员工间纯粹的契约关系，而是把关心职工生活、改善劳动条件、与职工平等相处放在重要地位，加强组织的“人情味”，力图把组织设计得“更符合人性”。早在 20 世纪 80 年代，许多成功的企业已认识到，单纯依靠制度容易造成人际关系的冷淡，于是“集体决策”、“大众参与”、“工作内容丰富化”、“弹性工作日”、“协调沟通”等民主化管理方法应运而生。

2. 美国跨国企业的管理模式

美国人的思维方法是根据事物发展的逻辑进行分析、判断和推理，这就决定了美国企业领导的决策方式必然缺乏民主性，企业领导权威单纯建立于权力占有和运用上。

（1）管理目标的多元化。企业管理目标是多元化的，管理已不再只是为企业所有者的利益实现最大化而服务，而是拓展出新的内容。

（2）实行专家集团领导。专家集团领导是指企业的经营和管理是由一些精通业务、善于管理的专家共同负责和管理企业。

（3）运用多角化策略。美国企业管理方式上运用的是多角化，产品生产、市场、开发实行的是多品种、多渠道的方针。

（4）重视生产和技术的管理。美国企业界在生产和技术管理上采取的方法是：对落后的技术基础进行巨额投资，采用先进技术生产自动化，美国采用更多的是劳斯比质量管理方法，强调不要只是靠事后的质量检验，而要一开始就按规定的要求进行作业使缺陷的发生减少至零。

（5）注重企业领导人的培养和选拔。

（二）日本的管理模式

日本企业非常重视建立具有日本文化特色的企业管理和企业文化。他们认为现代管理是提升竞争力的重要手段。同时，他们在企业管理实践中不拘泥于西方注重理性管理理论的框架，而是融入浓厚的日本民族文化特色。他们把企业当作一个文化实体进行管理，有自己独特的企业文化，造就了员工对企业的忠诚，形成了强大的凝聚力和竞争力。

日本文化的突出特征表现在三个方面：

（1）家长式统治，对等级制度认同，等级森严，在社会组织中，权威受到绝对尊重。

（2）强调家庭主义，社会成员之间普遍存在类似父子关系的联系。在企业中，每一名员工按进入企业的时间顺序确定相互依赖的关系。

（3）重视集体主义而不是个人主义，强调对企业的归属感和对群体的忠诚。

日本管理模式在多方面体现出了上述文化特征。在管理决策的制定上，日本企业采取的典型程序是“自下而上”，经过逐级检查后，公司高层才做出最后决策。这种决策体制促使自下而上的信息沟通，使全体员工具有责任感。在用工制度上，日本企业一直采取基于论资排辈基础上的终身雇佣制和年功序列制。在这种用人制度下，员工一旦进入某家企业，只要企业不倒闭，员工不严重违反内部规章制度，就没有失业之忧，增加了员工的安全感和归宿感。每一位员工自然而然把这个企业当成自己一生的事业追求。反过来，企业也把多年积累、层层筛选出来的员工视为自己的财富。与终身雇佣制相配套的是论资排辈的年功序列制。这种制度的特点是工作时间越长，熟练程度越高，年龄越大，工资越高。如果职工辞职重新就业，一般情况下都必须从头开始，工资待遇就会大受影响。所以，日本企业的职工一般不会轻易辞职，企业也不会轻易裁人。

这对稳定员工队伍，增加企业的凝聚力起到了重要作用。内部沟通更多依赖于非正式的个人关系，而不是正式的组织结构。日本企业十分重视感情投入，对员工给予家庭式的关心。日本许多企业的管理层认为，一个公司的最主要使命就是培养它同雇员之间的关系，使公司内部能够产生家庭式的情感，即上层管理人员同所有雇员之间形成同甘苦、共命运的情感平台。

日本有条件的企业普遍实行内部福利制，使员工尽可能享受更多的福利和服务，使职工乃至家属都感受到企业家庭式的温暖。所以日本雇员总为公司着想，很少出现“身在曹营心在汉”的情况。员工替公司买东西时不收回扣、不用公司电话打私人国际长途、早来晚走、一丝不苟等在日本员工眼里，都是天经地义的。在人力资源发展中，日本企业重视员工的培训。由于采用终身雇佣制，限制了人员在企业间的流动，只有通过企业内部职务轮换才能使管理人员建立广泛的人际关系。

为全面了解企业各项业务活动，为其创造条件，日本企业把这种职务轮换作为提高管理人员能力和经验的一种重要手段。进入20世纪90年代之后，日本泡沫经济崩溃，企业员工的忠诚问题也随之出现。日本正处于一个转换时期，日本人现在十分迷惘。但不管怎样，大多数日本人还是对企业兢兢业业，尽职尽忠。

（三）欧洲的管理模式

欧洲国家并没有一个统一的管理模式，主要经济发达国家的管理模式都有其特点。在管理人员的选拔制度上，欧洲有三种典型模式：

1. 英国模式

英国在国际化的舞台上占有举足轻重的位置，很多英国企业都进行跨国经营去寻求更广阔的市场，以提升自己公司的形象，赚取更多的利益。下面具体分析英国跨国企业经营中的创新管理模式和先进的人力资源管理模式。[①]

（1）创新模式管理。自 1993 年 5 月英国政府发表《发掘我们的潜力：科学、工程和技术的战略》白皮书来，英国企业就逐渐将自己的管理模式转变为创新管理模式。[②]

首先，在研究英国的跨国经营的创新模式中，可以看出一个成功的公司所具有的一系列素质中人的因素是十分重要的，企业的成功与具体人员的素质，经营及企业文化息息相关。

其次，英国公司跨国经营好的另一个重要的原因就是其领导层对相应的领域的走势具有相当敏锐的洞察力，他们在安排短、中、长期计划时，具有周密的战略措施，对待问题尽可能地做到面面俱到。

再次，内部良好的管理，尽可能地去激励员工，让他们对待工作有热情，自然工作效率就会提高；同时也会组织定期的学习，总结经验，设定下一个目标，更好地规划未来的工作任务。

最后，外部的影响。公司在跨国经营时总会根据当地的习俗、传统而把顾客满意作为自己改进工作的第一动力；积极地与其他的跨国经营的公司合作，互相吸取经验，发现自身的不足。最值得一

① 卓颐悉．英国跨国公司创新管理模式浅析［J］．全球科技经济瞭望，1997．

② 马菁．英国先进人力资源管理模式在我国应用途径的探析［J］．铜陵学院学报，2008（6）．

提的是，很多英国企业在经营的过程中，很重视环境问题，自觉做到减排，把污染降到最低。

（2）先进人力资源管理模式。这在公司跨国经营过程中发挥了重要的作用。

首先，全球化的人才战略和宽松的人才流动政策。英国公司认为在全球化的背景下，在一些欧美国家尤其不存在语言障碍，只有用良好的福利政策才能吸引到来自世界各地的人才，从而提升公司的竞争力。

其次，高潜质人才的特别发展模式。英国公司会对有可能晋升到公司高层或者高职位的员工给予特别的关注，给其指派挑战性的工作，对其进行不断的评估并迅速晋升。通过这种先进的人力资源管理，为公司创造更高的利益打下了基石，使得公司在跨国经营中更为游刃有余。

2. 德国模式

德意志民族向来以严谨而著称，德国企业的经营模式也备受关注。其模式与英国的模式有些类似，也侧重选拔专家，无论是低层员工还是高层管理人员，都必须接受有计划的系统培训，而且培训的形式多种多样，有效地提高了职工的素质。

德国企业组织结构可分为集中型（Zentralisation）和分散型（Dezentralisation）两种。集中型是由上至下实施纵向控制，职责明确，但层级过多、信息链冗长，容易导致效率低下，且难以发挥员工的主动性和创造性。而分散型才是目前德国企业组织结构的主流，即按业务环节进行纵向分解，按照工作流程设立岗位，并划分工作职权和责任。但由于缺乏纵向宏观管理，容易造成混乱。在此举出德国管理模式的案例。

（1）德国企业的预算管理。重视长期的规划，将预算管理与绩效评估结合，以精确的预算为目标。莱茵电力集团（RWE）是一家排名欧洲第二的电力能源集团，每年 2 月开始进行预算的编制工作。[①]

（2）投资管理。德国的固定资产投资分为替代投资和全球化投资。替代投资主要指能够扩大企业生产力的投资，而全球化的投资主要指能给企业的绩效带来正面影响，降低成本的投资。

（3）普遍重视社会责任。德国重视保护自然环境，因而对企业的环保要求很严格，对工厂的废水、废气等污染物的排放进行严格的定量限制。

3. 法国模式

基于人力是一种资源、一种资本的观点，法国国际企业人力资源管理部门的主要职能就是要研究如何以最少的资本投入，来获取最大的利润产出。即如何选人、用人，如何提高人的技能水平，如何最大限度地发挥人的工作积极性和创造性，这种理论又被称为人力投资模式理论。

法国的经营管理模式是把专业型人才与具有综合管理能力的人才分开。前者作为中、低层管理人员来培养，后者作为高层管理人员来培养，具体操作方式如下：

（1）人员招募。第一类为企业的恒定员工，即长期合同人员，该部分人员为企业的核心力量，主要指干部和技术人员。第二类为

① 吕秋凯．关于德国企业的几点印象——重视企业内部审计和风险［J］．经济视角，2010（10）．

企业的临时员工，包括定期劳动合同（主要对工人）、实习如半工半读、局部时间与间歇式工作三个部分。第三类为个体工作人员以及其他企业的工作人员。法国企业这种用工方式的多样化能够有效地降低单位的用人成本。由于生产规模随着市场或季节的变化而变化，单位对人员的需求也相应地发生变化。

（2）员工培训与开发。法国政府首先非常重视企业对员工的培训工作，认为对员工进行培训，提高其技能水平，不仅是企业发展的需要，也是提高整个国民素质的需要。早在 1971 年，法国政府就以法律的形式提出企业必须对本单位的员工进行培训。主要表现在两个方面：一方面是在培训经费上予以保证，另一方面是在制度上予以保证。

（3）薪酬管理。人员待遇是与岗位紧密结合的。1973 年通过立法确立员工持股。其具体做法是由股东特别代表大会在听取了公司行政委员会和审计院的报告后，按要求确定新增资本的数额和股票认购的价格。新增资本的数额按代表大会规定，即 5 个财政年度出售的股票总额不得超过公司资本的 20%。股票认购价格也不能随便确定。如果是上市公司定价要以代表大会召开前 20 天的股市平均价格为基数，不得低于平均价的 10%。对于非上市的公司，需要对证券价格进行评估。认购股票的时间也由代表大会定，一般在 30 天到 3 个月。

（4）高层管理人员的选拔和培养。法国企业的高层管理人员大部分都是重点高等院校毕业的。在后备人选的选拔途径上，大部分企业将希望寄托在各地分公司的经理和人事负责人的联系网上，通过他们每年递送的不同档案材料来为决策层提供这方面的信息。

在计划与决策模式上，各欧洲国家也不尽相同。英国企业侧重分权管理，由于企业高层管理者缺乏综合性管理技能，通常把具体经营管理的决策权交给中层管理人员。德国企业较强调集权管理，但工人具有一定的决策参与权。管理者不必过多地担心其决策不被下属执行，工人也对拥有的决策权感到满意。法国企业的计划与决策系统也是高度集权的，这种集权管理模式主要是政府部门建立的5年指导性计划体系影响的结果，由于企业高层管理者看重政府部门的计划，往往忽视自主决策能力，因此决策的制定缺乏竞争力。

（四）中国的管理模式

中国文化是人类最优秀的文化之一，它凝结着世世代代中国各族人民的勇敢、勤劳和智慧。中国传统文化是由多种文化构成的，其主体结构就是儒家和道家学说。儒家对政治伦理的影响较大，而道学则对哲学、文学、科技的影响突出，中华民族的心态和性格受到的影响既有儒家的也有道家的，其主要特征如下：

（1）重人轻天的天命观。中国传统文化的天命观其实是重人轻天，把人作为宇宙的中心、万物的主宰，人是天地间最优秀的生物，宣扬天的权威只是为了证明人的重要与可信。

（2）三纲五常的伦理思想。中国文化重视伦理和道德的理性，儒家哲学强调人必须克制自己的欲望来充实自己，发挥人的理想达到尽己之性、尽人之性、尽物之性的境界。

（3）中庸之道。中国文化讲究的中庸之道最基本的含义是过犹不及，这既是一种具有东方特色的思维方式，更是一种理想的人格追求和合理范式。

中国管理的根基是以文化为转移的，并且受到社会价值、传统与习俗的支配。中国是一个具有悠久历史和深厚文化底蕴的国家，人们的理念和行为都是在文化的无形影响下形成的。东方传统文化的积淀及其所形成的哲学思想，使我们在探讨中国式管理模式的过程中更加注重对中国特有的社会范式的思考。

第三章　跨国经营中的文化冲突表现形式

一、显性文化冲突

显性文化冲突一般指来自行为者双方的象征符号系统之间的冲突，即不同的表达方式所表达的含义不同因而导致冲突发生。这些表达方式通常包括：语言以及非言语行为，其中非言语行为包括神态、肢体动作等。中西方员工受不同环境、教育等因素的影响，在不同的文化背景下，即便有着相同的表达方式，其所代表的含义往往也是不同的，因此，双方容易因为一系列文化差异产生文化冲突。显性文化冲突一般可以通过针对性培训和跨文化交流进行消除。双方互相了解对方的文化背景、语言差异、生活习惯后，差异和冲突就很容易得到消除和融解。本节将从语言冲突和非言语冲突两个方面，揭示跨国经营中显性文化冲突的表现形式。

（一）语言冲突

语言冲突最直接的表现方式即为不同国家的人们所使用的语言

不同。“语言是文化的镜子”，作为人类进行沟通的最直接方式，语言不仅是单纯的字符的排列，更包含着一国丰富的知识、历史、情感等要素。即使处于相同的语言圈，也可能因为彼此对于语言的使用习惯不同而产生差异。这种语言不同所导致的沟通障碍，虽然可以通过翻译得到部分消除，但是沟通者通过翻译得到信息以及根据得到信息进行反馈时，滞后性就不可避免地产生了。而且在翻译者对原始信息进行翻译时，多少会根据自己的经历以及学识对原信息进行一定的再加工，翻译也只停留在字面翻译之上，从而致使表达出来的信息与原信息所包含的丰富含义具有一定的差异，造成了一定程度的歪曲，使得沟通双方不能达到充分的沟通，为跨国经营带来一定的冲突隐患。如曾经在国内颇有名气的白象牌电池进军国际市场时，其品牌就直接翻译成为了 White Elephant，国内物美价廉的电池在国际市场上却销售惨淡，究其原因，就是因为 White Elephant 在英语中所包含的另外一层含义——累赘、废物，致使国外消费者对这种电池抱以敬而远之的态度。此种差异所导致的文化冲突不胜枚举。

即便沟通双方都对彼此的母语有一定程度的了解，可以不通过翻译而进行直接的沟通与交流，但仍然会由于一些表达方式的差异和理解障碍而导致冲突的产生。如中国文化注重礼仪，语言表达比较委婉含蓄，重视面子和相对和谐的氛围，而西方文化大多喜欢直接表达，就事论事，对事不对人，不避讳争论。如果西方人不能够理解东方人这种含蓄的表达方式，往往会致使西方人对东方人婉拒的事情产生误解。同样，若中国人对西方较直白的文化不了解，往往会将西方人那种据理力争误解为针对自己。以礼貌用语为例：在西方人的生活中，“Thank You”已经成为一种公式化的习惯性用语，然而，在中方人眼中，“Thank You”则是因为得到了帮助，蒙恩、受惠而要表达自己的感激之情。此外在邀请对方来自己家做客时，双方用到的礼貌用语也存在着很大的差异，对于愉快的聚餐结束，西方员工通常会说“Thank you so much for a wonderful evening”，借此来表达自己愉快的心情与对主人的感谢。而中方职员往往会说“I am so sorry，I have given you so much trouble”，以此来表达自己的感谢。又如在聊天时，西方职员有时会说：“Let us talk about this later”或“We should have a dinner together”，此时西方人所要表达的真实意思是“再见”。而中方职员常常以为是他们在做一些承诺或者邀约，当这些承诺没有被兑现，就会产生对方不诚信的感觉，因此产生反感。

综上可以看出，语言冲突不仅反映在不了解对方的语言上，更反映在称呼语、寒暄语等词汇的文化含义不同以及思维方式不同之上。语言反映一个民族的特征，它不仅包括该民族的历史和文化背景，而且蕴藏着该民族对人生的看法、生活方式和思维方式。因此在跨国经营中，要十分注意语言冲突，以避免其所带来的不良后果。

（二）非语言冲突

在进行沟通时，除了直接的语言沟通之外，还存在非言语交流。非言语行为是指言语范畴之外的一切表现形式，主要包括目光控制、手势、身势、身体动作、头部动作、面部表情、身体距离、沉默等，因为文化的差异，非言语行为的表达也不尽相同。因此，即使是面对同一动作或行为，不同文化背景的人也会根据自身文化背景进行不同的解读。在商务沟通中，往往会因为非语言文化的差异而造成文化冲突，导致谈判失败，合作未能达成。值得注意的是，由非语言行为差异所引发的文化冲突比语言行为文化差异所引起的文化冲突还要严重，而且由于非语言行为所代表的情感或情绪的表露，在语言表达越加流利时，产生误解的或不得体的非语言信息所引起的文化冲突就越加严重。下面引用两个案例来进行相关分析。

案例1：1959年，赫鲁晓夫访问美国。当访问结束准备登机离开美国时，为了向美国领导人以及在场的新闻工作者表示敬意，他做了如下动作：举起双手，一只手做了一个V字手势，另一只手握拳。第二天，美国几家主要报纸头版刊登了这张照片，由此引发了美国民众的强烈不满。该事件最后几乎演变成一场政治事件。

案例2：尼克松访问巴西时，当他走下飞机舷梯的时候，做出了一个“OK”的手势，这个手势引起了巴西人的强烈不满，最终尼克松为此向巴西人民道了歉。

由此可见，非言语行为所带来的文化冲突更加隐蔽、激烈、“防不胜防”。赫鲁晓夫的本意原是向在场的美国人表达自己的谢意，可在美国人的眼里，赫鲁晓夫当时的动作是拳击手击败对手后表示胜利的姿势，美国人对于赫鲁晓夫的不满可想而知。而尼克松一个普普通通的“OK”手势，在我们看来也并无不妥，然而在巴西，这个手势却含有轻视、污秽等不太友好之意，巴西人民所表达出来的反感也就不难理解了。接下来，从相同含义的不同表达以及相同表达的不同含义两个方面，来对非言语冲突做出进一步的解释。

1. 相同含义的不同表达

人们在说话的同时，都习惯配上相应的面部表情和肢体动作，以此来补充其谈话的内容和向他人传递自己的情绪。由于文化的不同，不同国家的人在表达同一含义时所使用的肢体语言也往往会有所差别。以在剧场看戏时中英双方的身体语言为例：在感到乏味时，中国观众有的窃窃私语，有的进进出出，以此来表达自己对戏剧内容不感兴趣；英语国家的人则耷拉着脑袋或打瞌睡，颇有“眼不见为净”之意。又如见到长辈、上级来访时，中国人起立以示对对方的尊敬，而汤加人却坐下来表达自己的尊重之情。更有一些肢体语言是对方特有而我们没有的，或者我们特有对方没有的。如英语国家喜欢用耸肩表示“我不知道”、“有什么办法呢?”“我无能为力”等含义；在我国却没有这一动作，表示上述含义时，中国人的习惯动作则是摇头或摆手。又如人们见面打招呼是日常生活中最常见的礼仪形式，而在不同的国家，人们会用不同的方式来表达，中国人通常点头、微笑或者握手；在日本、韩国多以鞠躬来表达；欧洲人喜欢拥抱、亲吻；在印度、泰国，男子向主人表示问候是要双手合十并且双脚不可并拢，同时鞠躬敬礼，不能紧握主人的右手。人们对本文化的非言语行为往往习焉不察，但对别种文化的非言语行为又极敏感，因此理解偏差和文化冲突经常发生。

2. 相同表达的不同含义

在一定的文化背景下，即使是相同的面部表情或者肢体语言，不同国家所要表达的真实含义都有可能是不同的，甚至同一个手势语有可能表达的也是截然不同的含义。如点头在大多数国家都表示

“是”的意思，而在印度、斯里兰卡和尼泊尔等国家却表示否定。跷起大拇指，在中国人看来这是对他人的赞扬，而希腊人则通过急剧地跷起大拇指来表示要求对方“滚蛋”。也许很多人无法理解，但这是在某个文化区域范围约定俗成的习惯，只有同一文化背景下的人才能深刻理解。又如 OK 手势，在美国、巴西、阿拉伯等地是和平、轻视、恶魔的眼睛的象征，在中国则表示赞同；在法国，“零”是大多数人惯用的思维，在荷兰一般表示“正在顺利进行”，而在日本、韩国、缅甸等地又可以此来表达金钱的含义。还有 V 手势，几乎也成为了世界范围内的通用手势语，但是在不同的国家仍然有着不同的含义——在英法等地表示“胜利”，但在塞尔维亚语言中表示“英雄气概”，在荷兰语中代表着“自由”。值得注意的是，当该手势的手心冲内时，则表示对对方的侮辱和怠慢。

以上是肢体语言方面的差异，相较于肢体语言，更难理解的是文化不同所导致的副语言的不同，而副语言包括：沉默、语轮转接、非语言声音等。下面就该问题做一简单说明。

以中美为例：中国人较注重沟通的形式以及过程，希望通过沟通交流促进彼此的关系，而美国人的交流则注重结果，这种差异会给企业的日常交往带来很多不便。另外，中国人多采用单向性沟通的沟通方式，即听多说少，对于这种被动的沟通方式，西方人常常感到迷惑不解。在美国企业工作，许多美国经理很愿意去了解中国员工对经理工作表现的评价，如果无人表态，他们会认为一切 OK，没有问题，对自己的领导工作没有不满。而问题在于中国员工或经理很少提供反馈意见，即使对上司的决定有不同的意见，也不会在公开场合，如会议、办公室里当着大家的面提出来，而是选择在会后私下就问题向上司提出自己的意见和建议，以免给上司或自己丢“面子”，这种区别常常导致双方产生误解。美国经理重视信息传递的有效性，所以喜欢“直言不讳”，以保证自己说的话就是自己想要表达的真实想法，而中国人常常有“言外之意”和“弦外音”一说，较委婉，希望对方能够听出自己的“潜台词”，真正理解自己所要表达的意思。

再如对中国人来说，微笑是一种友好和礼貌的基本体现，是双方进一步合作的基础；而法国人对微笑抱以较严谨的态度，尤其是陌生人之间，他们认为微笑是一件严肃的事情，只有当他们有明确的理由时他们才会微笑；而对于美国人而言，微笑则表达了对对方的高度肯定，是体现彼此之间亲切友好的信号，因此他们会对任何事情、任何人投以微笑，并且习以为常。由于中国是高语境国家，所以中国员工大多体现出含蓄内敛、情绪不愿外露的特点。极端的是日本人，很难看到日本人放声大笑或是极度悲伤之类的情绪变化，因为他们总给人一种不苟言笑、严肃呆板之感。而作为低语境国家的法国，其员工则更习惯于将喜怒哀乐都表现出来或写在自己的脸上，所以有的时候对于中国人的喜怒不形于色，法国人很难从表情上来判断中国人的真实想法。据调查，在中国这样的东方国家，人们在交谈中喜欢你一言我一语，有条不紊地交叉进行，中间会保持一点间隙以表达本人在认真倾听，对对方的话很感兴趣以及尊重对方的发言。而法国、美国这样一些欧美国家的人在说话时，习惯在一个人话音还没有完全落下之时，马上做出反应，把话题继续下去。这对于法国人来说是一种礼貌，表示对对方的谈话内容感兴趣，如果中间出现停顿和沉默，则说明本人并没有兴趣继续听下去。所以，中国人总觉得法国人爱抢话，喜欢争论，而法国人则对中国人的说话节奏相当不习惯。

综上可以看出，在肢体语言、表情、情绪和说话节奏等各个方面，不同文化背景的人如果不相互理解，就会在不知不觉中产生误解甚至引发激烈的冲突。相较于语言冲突，非语言行为所导致的冲突的后果更加不可低估。非语言交际贯穿整个交际过程中，它最能反映一个人的真实态度、心里活动和价值观念。所以，在跨国经营中，我们不仅需要重视语言不同所带来的冲突，更应该重视非言语因素，避免冲突的发生，以此保证跨国经营的顺利进行。

二、隐性文化冲突

隐性文化是相对显性文化而言。隐性文化包括人的生活态度、行为习惯甚至群体氛围、社会风气等，其核心是各民族的文化价值观。隐性文化对于影响和改变人们的思想行为方式具有更大的决定作用，它影响着人们的思维方式和行为习惯，因此不注重隐性文化的差异将会导致更加激烈的文化冲突。本节从领导风格、经营理念、隐私观、制度与人情、晋升以及薪酬等方面，对跨国经营中的文化冲突表现形式做详细介绍。

（一）领导风格的冲突

领导风格是指一种由特定领导行为和态度的频数或密度所指引的一种重要的模式，这种模式使领导者着眼于不同领导功能。即领导风格是领导者特定行为集合，它指引领导者执行领导力。

首先我们通过一个具体案例来直观感受一下不同文化背景下领导者的不同领导风格。

以广州标致汽车公司为例。广州标致成立于 1985 年，总投资 8.5 亿法郎，注册资本 3.25 亿法郎，由广州汽车制造厂和法国标致汽车公司共同管理。虽然对于两国文化差异有可能导致冲突这一问题，中法双方早有心理准备，但在管理风格上还是没能很好地相互融合。法国管理者具有强烈的民族文化优越感和极强的个人主义，而中国崇尚集体主义，法方管理者的行为显得做事专断、以自我为中心，该举引发了中国员工的强烈不满，并由此产生了逆反心理甚至引发了中法两国的民族矛盾。除此之外，法方管理者注重“权责对等”，即只要处于自己职权范围内，就可充分利用自己的职权做出相应的决策，并为自己做出的决策承担相应的责任。在遇到下级针对某件事情向自己发表不同意见时，即使与自己争辩，也不会觉得有不妥之处，因为他们认为大家只是在讨论公事，是处于平等地位的。中国则是一个强调领导权威的国度，下属做出决策之前往往要请示上级，以表示对上级的尊重和重视（而法国人却认为凡事都要请示则是无能的表现）。中国领导好像很忙，责任心很强，就连出差在外或是旅游休假都要通过电话指导工作。在日常管理中，中法双方都认为自己有道理而不愿妥协，更没有寻求文化融合，由此导致了矛盾愈演愈烈，从而出现生产效率低下、核心竞争力不强等问题，最终双方只能以分道扬镳的结局黯然收场。由此看出，在管理风格上双方存在着跨文化冲突。

造成以上冲突的原因就在于领导者行为的不同，不同的领导行为导致不同领导风格的产生。而对于领导者风格，中西方有着不同的划分。

在西方文化背景中，通过对领导风格的分析，可以将领导者分为交易型和变革型。交易型领导以奖赏的方式领导员工，当员工完成指定任务后，便兑现之前提出的相应承诺，使整个过程像一场与员工的交易一样去完成。而变革型领导则是通过较高的理想和道德价值来激励员工，使员工的工作状态、信念、价值观等发生改变，从而自发地，以更加投入的态度对待自己的工作。交易型和变革型领导的主要区别就在于交易型领导更注重用理性和经济的手段去监督和控制下属，把奖励建立在即时、短期绩效的基础上，而变革型领导更倾向于激励员工和关心员工，把奖励建立在长期绩效的基础上。具体来说，变革型领导由 5 个因素构成：愿景、激励性沟通、智力激发、支持性领导、个人认可；而交易型领导具有权变奖励、例外管理两个维度。Bass 认为，权变奖励领导行为是指领导和下属间的一种积极主动的交易，领导认可员工完成了预期的任务，员工也得到了奖励；例外管理领导行为指领导者借助关注员工的失误、延期决策、差错发生前避免介入等，与下属进行交易。

与西方不同领导风格对应，中国的领导风格既有与之相类似的地方，又有自己的独特性。对应于中国的领导风格，Silin 最早提出类似家长式领导概念并进行研究，其研究发现，中国企业的经理人的领导风格与西方的领导风格是迥然不同的，他将中式领导风格的特点总结为教诲、德行、中央集权、上下级间的距离、领导控制等。中国的家长式领导风格是在一种人治的氛围下，显现出严明的纪律与权威、父亲般的仁慈及道德廉洁性的领导方式。家长式领导风格也可以划分出三个维度：威权领导、仁慈领导及德行领导。威权领导是指领导者强调其不容置疑的绝对权威，他们严格控制自己的员工，并要求他们完全按照自己所发出的命令进行工作甚至生活。威权领导的具体行为特征包括控制和支配，此种行为在低估员工能力的同时，试图建立起一个领导者的崇高形象，以说教的方式指导下属。与西方权威的出发点不同的是，中国社会中的权威反映了家族文化、家长控制以及对权威的服从。仁慈领导是领导者表现出的领导者个人的、全面的以及长期的对员工福利的关注，但需要指出的是，它与领导关心和支持性领导的结构不同。德行领导则体现在高度的个人诚信，自身修养和无私等方面。德行领导者应表现出符合社会规范和美德的行为，为他人树立榜样，展现自己的权威，这种行为不仅是为了个人利益，而且也是为了公众利益，其实际行为包括无私奉献，清正负责，以身作则，不以权谋私等。

综上可以看出，中西方因文化背景不同所导致的管理者领导风格的不同是受自身文化环境的影响所导致的，即管理者的领导风格作为隐形文化冲突的一个方面很好地将冲突表现了出来。

（二）经营理念的冲突

所谓经营理念，就是管理者追求企业绩效的根据，是顾客、竞争者以及员工价值观与正确经营行为的确认，然后在此基础上形成企业基本设想与科技优势、发展方向、共同信念和企业追求的经营目标。经营理念即是系统的，根本的管理思想。管理活动要有一个根本的原则，一切的管理都需围绕一个根本的核心思想进行。这个核心思想就是经营理念。事实证明，一套明确的、始终如一的、精确的经营理念，可以在组织中发挥极大的效能。

美国管理模式是作为世界管理理论与实际结合的占主导地位的管理方法，它为全世界的企业管理与组织管理提供无数经典的管理经验和方法论。概括来说，即西方管理者注重互利、效率、市场、应变，他们崇尚竞争，讲究效率，注重成本核算，以销定产，强调售后服务，重视长期行为；而中方管理者则往往缺乏风险意识和冒险精神，在不确定条件下不敢果断决策，往往失去市场竞争机会，小心翼翼，唯恐失败。我国企业就缺乏“双赢”的思想，在互利方面，往往较少考虑对方的获利性。在西方的市场经济中，企业遵循以销定产，其行业构成、产品品种结构是由市场导向决定的。我国的企业虽然懂得了市场的作用和营销的重要性，开始注重销售环节，学会使用了广告、推销等营销手段，但行业结构是在计划体制下形成的，不能够完全反映出市场的需求，在原有的工业结构基础上把产品生产出来后再去寻求市场，进行推销。从决策方式看，中方管理者习惯集中化决策，由集体做出决策，由集体承担责任；而西方管理者则习惯责权明确的分散决策，由个人承担最终责任。随着管理经验不断累积和规范，人们也越来越强调计划的重要性，但中国人对待工作的计划性远没有西方人那样推崇。西方管理者强调将工作计划做得细致、具体，并认为一旦计划制定就应该严格按照计划进行，不得随意更改。相比之下，中国人常说“计划赶不上变化”，因此他们不会将计划做得非常严密，而是留一些变动的空间以应对以后的工作，以便在遇到具体问题时做出调整。本节从以下四个方面进行具体分析：

1. 价值取向不同

在价值取向上，东西方的企业经营理念有着很大的不同，其中最大的冲突就在于对市场和利润的优先选择上。大多数中国企业，由于受计划经济的影响，将企业的发展目标以及短期利润最大化等作为发展重点。该种行为往往会忽略掉产品前期投入以及售后服务环节，甚至不重视产品的质量。在一些大中型国有企业中，仍然存在着政企不分、产权不分、职责不明等重要缺陷，至今仍一直延续着较传统的营销模式，在很大程度上制约了中国企业以及经济的发展。而西方的经营理念更倾向于先对企业进行宣传，再宣传产品，最后抢占市场，始终把抢占市场放在经营的首位，最终以较小的前期投入获得较大的市场空间，循序渐进地将企业不断发展壮大，由此获得长期利润。

2. 销售策略不同

很多中国企业认为自身的综合实力不足，产品技术在市场上没有竞争力，处于劣势地位，因此在销售策略上一般采取拉动营销的方式，“四两拨千斤”很好地解释了中国人惯用的营销方式，即以小博大，希望能够以短、平、快获得市场收益。此种营销方式建立在短期利润最大化的基础上。而外企多注重市场份额和把握潜在消费需求，在明确了自我发展方向的同时，他们更愿意从产品的更深层次去思考，提升销售网络和品牌效应，推动市场份额稳定增长，不断地扩大和占领市场，由此获得更多的长期利润。

3. 管理模式不同

管理模式差异的根本原因在于思维方式的不同，而毫无疑问，文化背景的不同造就了不同地域的人们思维方式的不同。我国传统的企业管理，深受儒家思想的影响，信奉“修身、齐家、治国、平天下”，过分地强调个人的道德修养，而不重视团队合作的力量。

因此对于职工的管理，大多数只有一套简单且刻板的规章制度和奖惩措施，企业文化也不甚明朗。而西方国家中较成功的企业，都强调了人力资源开发以及团队合作的重要性。如惠普公司认为，只要给员工提供良好的环境，并信任他们，员工就能够做好工作。同事之间的信任、融洽都给团队合作带来了良好的基础。

4. 表达方式不同

中国企业经营理念表达方式较含蓄内敛、市场定位不甚清晰、特征较模糊，有的企业在文字表述上往往不能凸显本公司经营业务，产品定位等。如国美的“有国美的地方就不能有其他家电连锁店”这一广告语市场定位不甚清晰，甚至直接对其他家电企业进行了明目张胆的挑战，此举在某种程度上为企业的发展壮大设置了人为的障碍。又如百度的“做中国人自己的搜索引擎，最大的中文搜索引擎”。该理念虽强调民族特性、爱国精神，但是明显具有排他性，将使用范围局限于会中文的人，这明显是不利于国际化发展的。再如中国联通的“让一切自由联通”，这一经营理念则显得过于含蓄，并没有凸显出自身产品的特性，不了解其业务的人就会对此感到一头雾水。

西方企业经营理念表达方式则较直接，通过运用与自身产品业务直接相关的文字表达，使得产品特征明确、企业文化重点突出。如麦当劳优质的服务、整洁的环境成为企业发展的金科玉律，该企业理念的创新从标语的变化中就得以一见，“常常欢笑，常常麦当劳”更新为“我就喜欢！”。麦当劳的经营理念为 Q（Quality，品质）、S（Service，服务）、C（Clean，整洁）、V（Value，价值）。麦当劳恪守此四字经营理念，风靡全球。又如沃尔玛公司创始人山姆·沃尔顿，为公司制定了三条座右铭——“顾客就是上帝”、“尊重每一个员工”、“每天追求卓越”。沃尔玛公司的这些经营理念无一不强调了以人为本，从顾客到员工再到卓越（员工和企业），都着重强调了人的因素，可以说，这正是沃尔玛企业文化的精华所在，也正是因为这以人为本的经营理念，才造就了沃尔玛零售业巨头的成就。

综上可以看出，对于经营理念，中西方有着不同的理解，而由不同文化所导致的不同行为，作为隐性文化冲突的一部分——经营理念很好地将其表现出来。

（三）隐私与公开的冲突

隐私是一种与公共利益、群体利益无关，当事人不愿他人知道或他人不便知道的个人信息、当事人不愿他人干涉或他人不便干涉的个人私事，以及当事人不愿他人侵入或他人不便侵入的个人领域。在英语中，隐私一词是 Privacy，含义是独处、秘密，与汉语的意思基本相同。但汉语的隐私一词强调了隐私的主观色彩，而英文的 Privacy 一词更注重隐私的客观性，从这一点上就能体现感性的东方文明与理性的西方文明的差异，由此对于隐私这一概念，东西方人所具有的截然不同的态度也就不足为奇了。

对于西方员工所具有的强烈的隐私观念，中方员工往往不甚了解。在中方员工的人际交往中，亲密无间才是相处的最佳状态，而中方员工通常通过聚在一起分享自己的秘密，聊聊家长里短，通过情感交流，加强沟通理解，以达到个人关系的极大化。因此往往在第一次见面时就互相询问对方的年龄、家庭情况、生活经历等较私人的问题。而对于西方员工来说，这一点恰恰是极不礼貌的行为，因为这些问题涉及他们的私人生活，极重视隐私观念的西方人需要更多的个人空间。中国人很喜欢问的一个问题就是“你工资多少?”但是在西方，即便是家庭成员可能也互相不了解彼此精确的工资数，这并不是说家庭不团结，而是表现出了一个人的隐私与独立。虽然年轻人在开始找工作的时候也会就工作问题谈一下待遇，但是他们只是对相同工作的收入进行横向比较，以便弄清楚自己是否受到了不公正的对待。即便是这样，在问的时候也始终小心翼翼，让对方自由选择是否愿意披露自己的工资，对中国人来说稀松平常的事情在西方人看来却是如此的慎重，中西方对待隐私的差异性显而易见。

此外，在西方人的意识里，工作是工作，私人生活是私人生活，二者绝不能混为一谈。虽然他们会为了按时完成工作，自愿加班而不计报酬，但通过对西方文化的了解，可以发现西方人对生活质量的要求是比较高的。他们喜欢在忙碌的生活中，积极享受生活乐趣，因此，咖啡、葡萄酒、下午茶以及定期与家人团聚等是他们日常生活中所必须具备的。与此相反，在中国，作为一名公司员工，如果执意将公私完全分开，恐怕在晋升之路上就寸步难行了。笔者曾听到一位人力资源部门负责人在谈论有关工作和生活的关系这一话题时说道：“从我工作的亲身体验来说，我认为工作和生活是矛盾的，当你工作的时间多了，相应的个人生活的时间就不得不减少；我有段时间就是这样，几乎把所有精力都投入在了工作中，完全没有和家人好好相处的时间。”这位负责人的一番言论，就能够很好地反映大多数中国人的工作观，即为了更好地生活必须努力工作，而为了努力工作放弃自己的私人时间就是不可避免的。

中方文化中人情关系是很重要的一环，而快速构建人际关系则可以通过关心他人的私生活、帮助他人完成私事等方式达到，在中国，这种对同事私人事务的同情和关怀就是中国文化中仁义的表现。因此无论是公司中的任何人，当遇见公司员工因私人事务需要其他同事帮忙时，其他同事都会很乐意去帮助对方。这是中国人表达凝聚力的方式之一。中国人对公、私的界定并不清楚，私事和公事常常是一体两面。但在美国文化中，个人私事被认为是不可侵犯的神圣领域，如果无意中冒犯了他人隐私，则会引起对方很强的情感反应。如壳牌（天津）国际石油储运有限公司（BAC）是由壳牌控股中国有限公司、中国航空油料总公司、天津港南疆开发公司三方共同投资组建的中外合资企业。BAC 公司中一位中层管理人员由于与重要客户进行谈判而导致不能及时为家人办理后事，听闻此事，其他中国员工都用中国传统方式表示了安慰和理解，并去其家中看望亲属。但作为经理的外国人只是礼节性地表示了同情。对此中国员工议论纷纷，一致认为外国人不讲感情，没有人情味，认为他对中国人存在着歧视。殊不知这正是中美文化对于隐私的差异性所导致的各国人行为方式的不同，中国人对美国文化中不打扰别人隐私的社会规范不能理解，冲突由此产生。

综上可以看出，中西方因文化背景不同所导致的对于隐私的观点不同，受自身文化环境的影响所致，即隐私与公开作为隐性文化冲突的一个方面很好地将冲突表现了出来。

（四）制度和人情的冲突

制度也称规章制度，是国家机关、社会团体、企事业单位，为了维护正常的工作、劳动、学习、生活秩序，保证国家各项政策的顺利执行和各项工作的正常开展，依照法律、法令、政策而制定的具有法规性或指导性与约束力的应用文件，是各种行政法规、章程、制度、公约的总称。制度具有指导性和约束性、鞭策性和激励性、规范性和程序性特征。与制度相对，中国人所强调的人情则是众多交际关系，在实际运用中，又多指人与人交往中的利益关系。在各种矛盾中能审时度势、左右逢源，人们称之为“老于世故”，这里强调了由人情而上升的社会把握，也就是社会关系。中国人普遍认为在具有专业知识与技能的情况下，人情世故对一个人的生存环境好坏、是否诸事顺利、是否提职晋升取得更多好处，至关重要。在这两种不同的处事态度上，中西方有着不同的选择。

西方员工习惯于在法律比较完善的条件下开展经营管理，用法律法规作为行动的依据。西方社会注重法治，一切都用外在的、非人际关系的强制性力量去约束，在企业管理上表现为规范管理、制度管理和条例管理，追求管理的有序化和有效化，因此西方人对待工作非常严谨，严格按照规章制度办事，有什么问题便直接指出。而东方文化具有较强的适应性、灵活性，正式制度的作用被一定程度弱化，中方员工习惯于按上级行政指令行事，依赖“人治”，以“情”治理企业，以至于规章制度难以发挥有效的作用，中国员工制度观念不强，对待工作较懒散，对制度执行有一定的随意性，同时表达方式委婉，在会上很少直接发表意见。

以神龙汽车公司为例。该公司于 1992 年 5 月 18 日成立。2002 年 10 月 25 日，由中国东风汽车公司与法国雪铁龙公司的合资合作提升为与法国 PSA 标致雪铁龙集团的合资合作，合资企业的中文名称不变。在中法合作中，即使是较成功的神龙汽车公司，也存在着法国人重理性和中国人重人情的冲突和矛盾，可通过以下两个事例加以说明：

案例 1：神龙汽车公司采购部某次从国外购买了一批汽车零部件，在海关检查时，因报关材料是复印件而被扣押。采购部负责人找到法方经理，希望找私人关系来解决这个问题，但是法方经理对这一建议根本就不做考虑，当场就拒绝了采购部负责人的请求。法国人此举的原因就在于，在法国人的心中根本就没有关系这一概念，更不可能将关系、人情这一类私人的东西运用在工作中。法方经理认为："企业是纳税人，政府都是靠我们这些纳税人养活的，理应为企业服务，为什么我们还要去求他们办事呢?"采购部负责人无法让法方经理理解在中国有时候靠关系办事比走程序办事效率更高。最后只好通过自己的私人关系把这件事情解决了。

案例 2：神龙公司有非常严格的用人制度，对每一位应聘者都需要严格把关，这既是对公司负责也是对应聘者负责。某次，一位中方经理的亲戚来公司应聘，但是应聘者的条件有所欠缺，这使得人力资源部经理较为难。于是她找到法方经理来解决。法方经理的结论是不予录取。许多中国企业的内部或多或少的都会有"关系户"在其中。

即便是处于同一东方文化范畴的中国和日本两国之间，对于制度的态度仍然有着非常明显的区别。相对于中国文化的随性，日本文化则更加循规蹈矩、注重制度的约束力。

以日本公司为例。日本公司规定员工的上班时间为早上 8 点，员工迟到 15 分钟之内需要报告部门主管，主管必须做相应的记录，到月底一起呈报给总务人员。迟到 15 分钟以上，迟到者就得写带薪年假申请表并从中扣除半个小时的带薪年假。从日本公司的考勤制度中就可以发现，日本企业会有很多烦琐的制度，约束着员工，而中国员工则大多会认为该种制度过于形式化和麻烦。又如节假日之前，中国公司会发一些粮油等作为员工福利，但是日本公司对此没有任何表示，导致被中国员工认为没有人情味。日方领导追求形式上的完美，如工作汇报时，非常讲究文件的打印格式、排版、标点符号与美观程度，很多中方员工常常因为工作汇报格式问题不符合要求而受到上级批评，对此，中方员工却常常认为日方领导是故意刁难，即使工作汇报内容做得非常完善也不予认可，认为日方领导要求太过苛刻、缺乏人情味。之所以出现这种情况，是由于中日双方企业在管理制度中的差异所致。

日方严格的管理制度与中方灵活、高效的管理方式导致合资双方在工作中产生了许多冲突和误解。如在一中日合资企业，一位销售人员主动向公司推荐自己的熟人为某一零件的供应商，该名销售人员的原意是帮助企业降低采购成本，本以为会受到公司领导的表扬，岂料他的这一举动却遭到日方领导严厉的批评，认为他不遵守公司规章，擅自做主甚至不相信该供应商产品的质量，认为该名销售人员的目的是借公司的名义拉关系、做人情。该销售人员觉得很委屈，自己为企业着想的主人翁意识被日方领导无情地否定和曲解，日方领导此举极大地伤害了该销售人员的工作热情和其企业归属感。

由于受到高回避不确定性文化维度的影响，日方习惯于推行严格的制度化管理，要求员工对于一切与工作有关的事情必须做到严格遵守公司拟定的相关制度，如果违反制度就会受到严格处罚。相比之下，受到低不确定性规避文化价值观影响的中国人，在制度的执行和遵守上都比较灵活，对环境的变化一般采取实用主义的态度，更加强调解决问题的速度与效率。如在东风日产市场部、日方管理者极其反感中方员工在开会时打电话，一次一位中方员工在日本领导讲话时接了一个电话，该日方管理者直接将桌上的矿泉水瓶砸向这位中方员工，此举也激怒了其他中方员工，双方发生了激烈的冲突，最后导致工会介入调解，事件才得以平息。又如车间保险丝烧断，按照日方的做法，必须写一份分析报告并对所有的保险丝进行排查。按照中方员工的思维，换个保险丝 3 分钟就能搞定，何必花费 3 个小时写分析报告，况且即使检查所有的保险丝，电压波动时仍然会烧掉。

这些例子都能够很好地反映日本人具有高回避不确定性，往往具有明确的社会规范和工作制度来指导社会活动和日常工作，容易焦虑，中方员工则具有低回避不确定性，习惯就事论事，灵活处理生产中的问题，缺乏严谨的流程和制度。此外，受“重面子、重人际”等中国传统文化的影响，中方管理者倾向于人治而不是法治，员工只要不是触犯了大问题，一般都宽宏处理，尽量不损害员工感情与利益。如有中日合资企业的员工反映，如果日方管理者看到有员工在生产现场抽烟，日方管理者会直接命令其写检讨并严格按照相关制度进行处罚，而中方领导往往会顾忌员工的面子只会简单地命令其把烟熄掉了事，不再追究对方的责任。中方员工常常会因为不满日方死板的制度化管理而产生怨恨情绪，据了解，日方管理者对触犯了行为规范的员工严格按照制度予以处分，不留任何情面，而此举就导致有些被处罚的年轻员工产生了强烈的抵触和不满，进而将停在车间外装配好的汽车划伤，以此排解个人对管理者的怨恨。这一过激举动同时也导致了日方强烈的不满，认为中方基层员工素质差、没有责任感，对品牌和企业文化有着极大的不尊重。

综上可以看出，中西方因文化背景不同所导致的对于制度和人情的态度不同，是受自身文化环境的影响所导致的，即制度与人情作为隐形文化冲突的一个方面很好地将冲突表现了出来。

（五）晋升制度的冲突

马斯洛的需求原理指出，人的需求具有不同的层次，从低到高分别为：生理需求、安全需求、社会归属需求、尊重需求以及自我实现需求。因此，当员工在相同的岗位上长时间地重复工作，其熟练度会得到显著提高，此时员工就会不断追求能力技术上的培养，对自己的未来进行更高层次的规划，而当这种规划得不到实现时，员工就会感到迷茫，继而选择去其他更适合自己的领域发展。由此可见，为了防止人才流失，对于员工晋升与否，每个公司需要做相应的慎重考虑，而在企业的用人制度和晋升制度上不同国家之间也存在着较强烈的冲突。

在晋升制度上，美国的做法是只要认为某人具备了某项能力，或者在某项工作中做出了不错的成绩，就给予迅速的提升，把他提拔到相应的位置，而不考虑这一举动对其他人的心理影响。其干部提升路线走的是专业化经营道路。同时西方较重视理性，员工的专业技能和综合能力才是是否能够得到晋升的关键因素，而对其个人的人际关系和政治素养并不过多重视。此外，西方企业在做工作安排的时候，会与员工进行双向沟通，尊重对方的意愿。简言之：在西方文化背景下，员工晋升比较慢，其职业生涯管理理念较深厚，人力资源管理会运用各种工具为员工设计发展线路，比较理性，更看重个人能力。

在日本和韩国企业里，过去一直采用以工作年限作为晋升职员级别和提高工资唯一标准的年功制。在经济快速增长时期，这种制度能够很好地适应企业快速发展对劳动力的大量需求，提供了劳动力就业与发展的机会。然而 20 世纪 80 年代以来，随着经济增长的放缓，这些快速增长的企业也同时进入低增长和相对稳定阶段，年功制已不能满足职员的晋升欲望，导致企业组织人事的活力下降。于是在 90 年代初，日本、韩国的较优秀的企业着手改革人事制度，大力推行根据工作能力和成果决定升降员工职务的“破格式”的新人事制度，日本企业在员工晋升制度上采取缓慢的升级和评价制度，制定严格的年功序列制度和实施严格的人员晋升资格审查制度，保障员工以个人综合素质为核心的纵向升迁和权力交接，此举收到了明显的成效。

在中国普遍存在着两种晋升机制：基于资历的晋升，强调论资排辈，将员工参加工作的时间长短和资历的深浅作为晋升的主要标准；基于人际关系的晋升，强调群众基础和众望所归，将员工与领导和同事的亲密程度作为晋升的主要标准。此外，在中国企业中，职位与薪资是直接挂钩的，升职当官是该种现象最直接的描述，由此造成了组织晋升通道单一、晋升观念狭隘等问题，其激励效应也使得员工不得不挤入该条单行道。同时，中国企业在提拔人才上通常采用组织考核、集体讨论通过的模式，综合考虑被提拔人员的品德、资历以及政治素养等相关因素。集体讨论的形式充分体现了中国是个崇尚集体主义的国家，此时，人际关系的好坏能够直接影响该员工是否能够得到晋升。而对于上级所决定的人事调动安排，员工往往也很听话，服从领导的安排。综上所述：受中国传统官本位思想的影响，中方管理者习惯把权力看成是私有财产，权力的交替更多依赖人际关系、工作经验、教育背景等而不是个人的工作成绩。

综上可以看出，中西方因文化背景不同所导致的晋升制度的不同，是受自身文化环境的影响所导致的，即晋升制度冲突作为隐性文化冲突的一个方面很好地将冲突表现了出来。

（六）薪酬制度冲突

薪酬是企业对员工为企业所做的贡献，包括他们实现的绩效，付出的努力、时间、学识、技能、经验与创造所付给的相应的回报或答谢，实质上是一种公平的交换或交易。

美国企业都各自决定本企业的薪酬政策和员工薪酬标准、薪酬关系、薪酬形式和薪酬支付办法。在有工会组织的企业里，企业的薪酬标准一般由企业的劳资双方代表谈判，签订集体合同加以确定，薪酬等级和薪酬标准极不一致。美国的薪酬形式主要有职务薪酬制、职能薪酬制、提成薪酬制、计件薪酬制等。自动化程度较高的企业中，主要实行计时加奖励制。

20 世纪 80 年代以来，由于经济衰退，美国许多企业为了压低人力费用和提高企业的经济效益，采取了一些较为灵活的薪酬形式，如按知识付酬计划、员工股份所有制计划、利益分享计划等。

进入 21 世纪，美国各大企业的薪酬实践有了更大发展，它不但反映了美国劳动力市场的供求变化，而且也反映出员工们既重视工资和收益，同时又非常在意工作环境和发展机会的趋势。尤其是那些有较强的能力，又有较强自我发展规划的员工，这些员工倾向于认为自己是在为自己工作，而并非受雇于他人。主要表现在以下几个方面：

（1）特殊技能的人才——自营趋势的加强和小企业的快速兴起为其提供了更好的机会。现今越来越多的美国人倾向于个体经营，而许多美国公司也倾向于只提供工作，不提供职位，因此能够吸收大量因兼并或精减造成的“多余”技术管理人才。小企业虽然无力聘请 HRM 专业人员，但有能力实施正确的酬劳机制，向员工提供公司股份及灵活的工作安排，能为个人发展提供足够机会。

（2）将工作视为个人发展的机会。知识经济时代充满了竞争与挑战，更多的美国人选择了“游牧式”的工作状态，对他们来说，增长知识与经验的锻炼机会远远比现实的金钱报酬具有诱惑力，并希望在不同的公司甚至不同行业中积累经验、增长阅历，他们纷纷寻求培训和学习机会。许多美国企业也希望利用员工的个人经验，而不是从头培养这种经验。

（3）对公司往往并不是完全信任，因此更在意自己的个人生活。他们将个人的生活作为主要目标，希望雇佣自己的公司可以为其提供保障（如紧急情况休假、产假、探亲假、临时儿童或老人看护等）。因此他们希望从事时间灵活的工作从而能够协调家庭与工作的关系，还有些人则希望从事与其生活方式相一致的工作。

（4）工作环境一体化。伴随着经济全球化，各国经济的联系日益密切，一个公司内部可能有许多国籍的员工共同工作，互联网的发展也使得公司招聘员工的选择范围更加宽广。全球范围内的人才市场一旦形成，薪酬机制将会向一体化发展，这就要求管理者在全球基础上设立经营目标，加快向国外拓展业务的节奏，并设立国际化的薪酬标准。

（5）薪酬形式得到了丰富。沃利·尼克尔斯说："工作环境的改善是由人才市场这一卖方市场所决定的。"尽管并非所有行业都面临一个卖方市场，但在主要领域内，高素质人才的需求是大于供给的。越来越多的美国企业更加关注人才市场上各种因素的变化，由单纯的定酬劳逐渐转变为综合职位、个人和市场情况来定酬劳。不同种类的人才的报酬也不同，形成了相互分割的各类市场。

（6）股权与可变薪酬相结合。许多国际大公司已经采用股票期权来奖励表现突出的员工，取得了很好的效果。在美国等发达国家，大约有 2/3 的大中型公司采用了可变薪酬机制，随着国际竞争的加强，这一现象会变得更加普遍。可变薪酬的实行要求有完备的绩效衡量标准和分配体系，许多公司以一种兼顾员工和消费者利益的计分表为基础来决定可变薪酬的大小。

美国公司制企业具有灵活自主的分配制度，各有各的特色，其主导型的薪酬制度是以岗位工资为主，奖金、津贴为辅的模式，部分公司还实行员工持股计划。工资支付形式多为薪金制，其中一般管理人员为月薪，高层管理人员为年薪。公司制企业高层管理人员的薪酬一般由 5 部分组成：薪资、福利、年终奖金、长期奖金和额外所得（津贴）。薪酬水平是根据劳动力再生产费用和劳动力市场供求关系形成劳动力价格进行决定和调整。公司根据吸引人才、内外部平衡、奖优罚劣等原则，依据社会上各种劳动力价格，决定本公司同类雇员的薪酬水平。此外，劳资双方进行谈判是一个很重要的环节。在薪酬分配方面，十分注重个人业绩和能力，而非其经验和资历。在薪酬构成方面没有学历工资和年龄工资，学历仅仅是求职的敲门砖，而不是获得待遇的凭证。

日本目前普遍实行的仍是年功型职务职能工资制，即在原来实行年功序列工资的基础上，引进职务、职能因素，使其与年功因素一起共同决定员工的基本工资。基本薪酬约占员工全部薪酬收入的70%。除此之外，还有奖金和津贴福利，占全部收入的20%左右。日本公司具有工作强度大，但薪酬水准较同行业处于中等偏下水平，并且增长缓慢等特点。日本公司不公布每个人的销售额业绩，也不对其销售成果进行激励。与之相对应的欧美企业，公司不但公布员工的销售情况，而且对表现优异的员工进行表彰，同时根据不同业绩进行薪资分配和增加各种福利待遇，如公派旅游等。

在德国，岗位等级工资是德国工人的基本工资制度，一般按照对工作的分析评价制定工资等级，然后以某一级作为基准工资，最高等级的薪酬标准一般控制在最低等级薪酬标准的两倍。管理人员的薪酬由董事会单独确定，不需要经过集体谈判，也不列入企业的薪酬表。其薪酬大致包括固定年薪、浮动收入和养老金预支等。从其全国范围看，同一层次的管理人员年薪相差很多，年薪的多少一般取决于企业规模的大小和企业的经营状况。在德国，薪酬每年都随着国民经济的增长、劳动生产率的提高、物价的调整及就业状况而增加。增长幅度主要由工会和雇主协会在没有国家直接干预的情况下，按行业、分地区进行劳资双方谈判确定。工会与雇主协会都有各自的研究所，提出详细的分析预测材料。

韩国文化下的管理，在工资制度方面主要是根据员工在本企业任职时间的长短来决定。在保险福利方面，除由社会、企业和职工个人三方付费之外，企业承担了大部分的福利。

以色列企业在薪酬方面，员工的福利待遇与岗位紧密相结合，以岗定薪，而且其技术职称与岗位和待遇也是紧密地联系在一起的，因此更侧重综合考虑员工的个人能力与对企业做出的贡献等因素，同时比较强调员工薪资变化的平稳性，反对大起大落。

中国员工具有东方传统的思想，追求安稳，并乐于感受渐增的薪资。由于人力资源管理的思想引入较晚，中国企业的薪酬管理体制成型也相对较晚。中国文化下的薪酬管理则偏重考虑员工的资历和学历，即工资对人不对职，且平均主义思想较严重，“不患寡而患不均”就能很好地说明这一点。传统的工资制在我国存活了很久，甚至远远滞后于我国经济社会的发展，直到我国逐步建立起符合企事业单位和机关各自特点的工资制度与正常的工资增长机制后，企业工资制度才在改革中得到发展和完善。相对于西方的公平、公正、公开，自由竞争和可超越性，中国企业更讲究论资排辈、只升不降、级别保留、弱者生存、强者发展。在我国，薪酬战略在设计中很少能够体现出足够的内部公平性。在国内个别企业尤其是国有企业，人才的价值在薪酬中难以得到体现。在企业人员的工资待遇上，中方较偏重考虑企业人员的资历学历和职称。在工资政策上，把工资增长基数与企业经济效益直接挂钩。同时员工的待遇和他们所从事的工作性质有关，只有当工作内容发生变化时，才会考虑调整工资待遇。

中西方因文化背景不同所导致薪酬制度的不同，是受自身文化环境的影响所导致的，即薪酬制度冲突作为隐性文化冲突的一个方面很好地将冲突表现了出来。

（七）其他冲突

1. 集体主义程度不同

霍夫斯泰德将个人主义和集体主义定义为“人们关心群体成员和群体目标或者自己和个人目标的程度”。个人主义倾向指人们考虑个人、小团体利益与社会广泛利益的程度关系，个人与组织的关系在情感方面相互独立。在主张个人主义的国家如美国、英国、澳大利亚，民主、个人创新、成功被高度认可。中国和日本都属于集体主义程度较高的国家，其社会框架牢固，个人有比较强烈的组织归属感，倾向于实行集体决策。虽然中国和日本都有集体主义的传统，但其折射出的行为方式却存在显著差异。日本人往往将企业共同体意识与利益凌驾于个人利益和家庭利益之上，有意识地模糊或淡化共同体中个体的差异。据一位东风日产装备工人叙述，有一次中日双方技术员在车间进行车辆质检，一辆刚下线的汽车底盘出现了问题，在中方技术员互相讨论问题的时候，一位日方技术员迅速钻进底盘对问题进行排查，十几分钟过后，找到了问题的原因，但当他出来时本来干净整洁的白衬衣却染上了污垢。其实，质量排查本是生产工人负责的任务，并不需要技术员亲自检查，但日方技术员在工作中淡化个体差异，而是将共同体利益放在首位。不同于日本员工被耻感文化（对东方文化的一种定义）束缚着，中国员工更偏重和谐，讲究面子。相比之下，中国企业具有一种强群体文化，虽然也是以集体利益为核心，但是中国企业倾向于在群体中形成“圈内人”和“圈外人”的概念，这严重阻碍了不同文化成员的紧密合作。在东风汽车公司与日产汽车公司合资初期，许多东风老员工强烈反对合资，他们一方面受特定历史背景的影响，对日本人产生某种刻板印象。一些中方员工认为日本人精明、狡猾、阴暗，刻板印象使中方员工过于重视事物的整体，而忽视个体的差异从而不能客观地观察另一种文化，阻碍了跨文化交流。另一方面，中方员工强烈的“东风情结”阻碍了中日双方员工的交流和沟通，在组织内形成小圈子、小团体，引起团队冲突，阻碍了团队创新。

2. 权力距离的差异

权力距离指的是不同文化背景的人们盼望或接受权利分配不平等这一事实的程度。在不同文化的社会生活中，权力距离不仅表现在下级对上级的服从和依赖程度上，也表现在人际关系、家庭观念、政治选择等方面。接受程度高的国家，社会层级分明，权力距离大。美国属于权力差距较小的国家，一般运用相对少的权力作为达到个人目标的工具。而中国在改革开放前基本上属于权力距离较小的社会，分配上的平均主义，工人参与企业管理，反对干部特权等做法都在试图缩小权力距离；改革开放至今，这种权力距离不断扩大，在分配上鼓励一部分人先富起来，在企业管理中强调厂长负责制、承包责任制，这些措施都扩大了权力距离。在中国和日本企业里，下级对上级的服从更自觉，人际关系往往带有强烈的情绪化色彩和极端倾向，下级对上级不是过分倾慕就是蔑视，企业容易形成集权结构和专制制度。在中国，人的社会地位是由个人在行政机构中的地位决定的，而不是经济地位决定的。在中国，如果权力过于集中于个人，易出现经验决策和群体偏移现象，这都阻碍跨文化团队的有效协作和沟通。

3. 男性化—女性化的差异

男性化价值观是一种基于传统观念的，自信、物质主义以及缺乏对他人关注的观念在社会中占据主流位置的价值形态。在男子气概与女性气质方面，美国属于中等男子气概国家，崇尚积极进取、强调公平竞争、注重工作绩效。在高度“男性化”的国家如日本和奥地利，女性被要求在家中料理家庭事务。在社会组织中，工作压力和组织利益通常会侵害到个人利益。如日方很多员工下班之后不回家，而是和同事去酒吧喝酒，并把这种行为看作是上班的延续，因为这个时间的交流对自己未来的升迁和发展有着不可低估的作用，牺牲与家人在一起的时间就可以被理解。另外，如果在上班时间家里突然出现了意外，如孩子生病，妻子生产，很多日本人依然会坚守岗位，因为这样的行为是受到赞赏的。相比之下，女性化文化注重感情、人际关系，强调生活的质量、服务、关心他人和养育后代，占主导地位的价值观念是关心他人并讲究生活质量，将人际之间的友好合作和良好的生活环境看作是个人取得成功的标志。遇到问题倾向于通过妥协和协商解决争端。中国属于一种中性的、混合型的价值观，企业高层次职位有更多的女性员工。而日本人保持高度男性化的价值观，在日本企业里女性主管非常少。日本男性化的国民性格也表现出该民族激进、好斗与追求权威和掌控权的特点。在东风日产合资初期，日方高管缺乏与中方高层的沟通和对中方公司文化的了解，而以母公司文化为豪，处处压制中方员工，导致中日双方员工发生了很多冲突。

本章分别从显性文化冲突和隐形文化冲突两个方面，介绍了在跨国经营中可能产生的不同文化背景下企业的内部矛盾，只有充分了解显性文化冲突和隐性文化冲突在跨国经营中的具体表现形式，才能够很好地对经营过程中出现的矛盾进行反思、总结，从而避免冲突扩大，保证跨国经营战略的成功实施。

第四章 跨国经营中的文化冲突影响研究

一、文化冲突对海外进入模式的影响

海外市场进入模式是指使企业的产品、技术、人力资源、管理或者其他资源进入某一特定海外国家的制度安排。从经营学的角度讲，企业在进行跨国经营之前，必须对东道国的投资环境做出具体的分析与评估，进而做出理性的决策。而在投资环境因素中，文化是十分重要的因子，尤其是文化距离，这会给企业跨国经营带来一定的投资风险与经营阻碍。

人文条件，通常包括语言、文化、风俗习惯等方面，在开展跨国经营活动中，应充分重视这一因素。这是因为如果东道国与母国语言相同，则其在生产经营、投资决策方面将节省大量成本，并且东道国与母国具有相类似的文化和风俗习惯，则从事跨国经营的企业将面临极小的障碍，其可以通过对本国环境的考量而得出东道国的相应状况，这在投资初始阶段，将为企业节省大量成本，甚至由于文化的相似能够提升东道国居民对跨国企业的认可程度，这也为企业跨国经营提供了更有力的保证。

国内关于跨国企业的海外进入模式也有研究，得到的部分结论如下：张一驰根据 Hennart 和 Larim 的文化距离研究结论，对中国境内投资企业的海外进入模式选择进行了简略的推理。在美国华人地区与美国的文化距离比较大，我国企业对美国的直接投资更可能采用部分所有权进入模式，如建立合资企业和部分股权收购等，从本身的文化特征来看，华人社会普遍存在着权力距离比较大和不确定性回避程度比较高的特征，因此我国企业在对美国进行直接投资时，更可能采用收购与兼并和建立独资企业等高所有权的进入模式。谢军的研究发现：来自控制性权力偏好型和风险喜好型国家的外资偏向以独资方式进入中国市场；那些本国文化与中国文化差异越大的国家，外资偏向采取合资方式来规避跨国经营中的风险；随着合作的扩大和延展，中国吸引外资经验的丰富降低了外资进入后的经营风险，从而促使它们越来越多地采取独资进入模式。贾鹏认为，在高控制程度下，企业可以更有效地进行内部管理，投资者可以按自己的意志办事，这样会更有效率，因此文化差异促使投资者采用较高的资源投入。同时，张远实证检验了文化距离与外资企业合资股权结构之间的关系，回归结果显示当投资方所在国家与中国大陆文化距离增大时，外方倾向于高股权结构，使较大文化距离导致的管理风险等不确定性内部化；五个维度下的文化距离均与股权结构显著相关，不确定性的规避、个人主义和集体主义、阳刚文化和阴柔文化这三个维度的文化距离与股权结构正相关，儒家文化价值观、权力距离这两个维度的文化距离与股权结构负相关。

现以联想进军日本市场为例，来说明文化对于海外进入模式选择的重要性。

联想进军日本市场之路并非一帆风顺，即便在联想成功并购IBM个人电脑业务后，要打入日本市场依然道路坎坷。2004年联想并购IBM个人电脑业务以前，IBM日本的个人电脑销售量为89万台，而2009年，销售量减少了一半以上，降至39万台，究其原因，与其说是全球经济衰退的影响，不如说是未能赢得IBM公司日本客户信任的反映。为了加强日本市场，联想于2011年1月27日收购NEC的PC业务。收购之前，联想在日本的业务主要来自2004年并购的IBM PC业务，并集中在商用领域，IBM当年在日本的Thinkpad全球研发中心也被保留下来。并购NEC之前的两年，联想在日本市场的占有率实现了两倍的增长，2009年为4%，2011年为8%。与NEC合并后，联想PC在日本的市场占有率达到了27%，成为压倒性的市场第一位。

是什么引领了联想进军日本的成功呢？科研、营销等作为成功因素自不必多说，更重要的是联想所采用的海外进入模式对其成功进军日本市场起到了非常重要的作用。

（1）联想所采用的海外进入模式——合资打消日本人的本土消费倾向。日本之所以被喻为全球最封闭市场，其原因之一就在于日本民众的消费习惯。日本举国奉行最好的产品留在国内这一原则，因此日本消费者都对本国产品的质量、售后等深信不疑，消费者对本土品牌的高度认同势必会导致其他国家品牌产品的难以进入，因此造成了众多“大咖”不得破其门而入。在以独资方式进军日本市场失败之后，联想公司吸取教训，转而与日本本土品牌NEC合作，以合资的方式与 NEC 携手开拓日本市场，既顾全了日本民众对本土品牌的情感认同，又通过这一方式对日本消费者进行“联想品牌洗脑”，为日后自主品牌的发展奠定了一定的市场基础。

（2）合资避免被行业其他公司边缘化。要想成功地打开日本市场，除了要获得日本消费者的青睐外，与日本行业间其他公司的和谐相处也非常重要。日本行业间的各企业纽带紧密，对外控制能力较强，如果没有行业领头羊或其他实力企业的“接应”，就很有可能被市场边缘化。联想并购 IBM 后正是因为没有得到大企业的引荐，其国际化战略在日本遭遇折戟，在日本，NEC 作为本土大品牌本身就拥有较多的资源，联想采用合资而不是独资的方式，很好地利用了 NEC 的本土资源，成功与行业内大企业接洽，避免了被边缘化。

（3）合资对于降低政治文化差异所起到的作用。中日两国历史源远流长，但近几年，由于受政治摩擦和媒体传播影响，日本的“厌中”倾向较明显，中国企业应以普通“企业市民”的身份参与日本的经济活动、公益活动等。联想与 NEC 的合作战略可以减轻日本消费者对中国企业在其国家发展野心的敏感和戒备之心。

联想进军日本的案例很好地说明了文化冲突对于跨国企业的海外进入模式选择方面有不可小觑的影响，而不同文化背景和价值观的差异，必然影响其海外进入模式。当企业具有劳动力价格供给优势时，企业可以在国外设立窗口单位或办事处，也可以进行类似“贴牌战略”的生产；当企业具有劳动力质量优势时，企业可以对外出口劳动力，以劳动力作为资本，与东道国企业进行合资或合营；当企业具有技术供给优势，同时又有国外需求时，企业可以技术作为资本参与东道国企业的经营；当企业在产品、劳动力、技术上都具有优势时，企业可以进行小规模的国外投资生产；当企业在产品、劳动力、技术上都具有优势的同时，对跨国经营风险管理和东道国企业文化需求又相当了解时，可以以并购或创建的方式，实施大规模的“本土化”跨国经营战略。

Hennar 和 Larim 指出，企业跨国直接投资中，国家文化变量主要从两个方面影响跨国投资企业的进入模式选择：一是一个国家或地区的文化特征可能会影响跨国企业对其海外投资企业所有权的偏好，如权力距离和不确定性程度比较高的国家或地区的企业可能倾向于选择较高所有权的进入模式（独资），也就是说不同的母国文化特征，会影响跨国企业的海外进入模式选择，这些不同的国家文化特征的差异，便是我们常说的国家文化差异。二是跨国直接投资企业母国与东道国之间的国家文化特征差异程度，即国家文化距离，它也会影响跨国直接投资企业对进入模式的选择。

理想的状况是，寻找一个既具备弥补企业资源和能力缺口的合作伙伴，同时该合作伙伴又有强烈的合作意愿。合作一旦付诸实施，新企业的文化需要做出较大的调整，因为如果没有一个新的文化环境，经营管理上的问题就会随之而生，文化冲突就难以避免。合作双方需要树立相互学习、相互依存的观念，并坚持相互信任、相互补充的原则。具体来说，企业选择合作伙伴时主要考虑其资源互补性、态度积极性和文化相容性。选择合适的战略合作伙伴是中国企业国际化成功的重要环节，选择战略合作伙伴时要考虑该伙伴是否既能提供企业所需的资源，又具备整合能力。选择战略合作伙伴要以有利于企业资源和能力整合为主要原则，重点考察合作对象的资源和能力状况、合作意愿，以及合作双方的资源和能力整合的可能性。因此中国企业国际化经营中在选择合作伙伴时，要以兼容并包为指导思想，不苛求东道国员工具有与母公司相同或相似的文化，而是要强调整体企业文化与母公司的发展战略基本一致。正视差异存在，提倡双方相互尊重、求同存异以便解决分歧。在合作战略上的兼容并包能使得母国公司与东道国子公司找到共同的利益，保持良好合作关系，实现最终的企业经营目的。

企业的海外进入模式选择如图 4－1 所示，按照控制力划分，可以分为非股权模式和股权模式，其中股权模式的控制力高于非股权模式。在进行跨国经营时非股权模式进入方式是指，跨国公司主要采用贸易型进入（出口）、契约性进入（合同安排、许可证）和战略联盟进入（研发合作）等方式进入海外市场。非股权模式虽然可以在一定程度上避免不同国家之间的文化冲突，但是所带来的各种问题也不容小视，如参与合同制造的企业受制于产品的商业周期性，并可能被其他企业替代；非股权经营模式下东道国企业从全球生产价值链体系中所获得增加值可能偏低；利用非股权经营模式来规避社会、环境标准；等等。股权模式虽然意味着企业更容易实现自己的战略意图，并能够尽可能避免发生技术泄露，但是文化冲突却在一定程度上制约了股权模式方式进入的成功率。

控制是指操纵企业资源，进行运营和战略决策的权力，不同的海外进入模式对应着不同的控制程度，如贸易式、契约式和投资式进入模式对应的控制程度是不断递增的。当社会文化距离大时，低控制进入模式比中等控制进入模式更有效；高控制进入模式比中等控制进入模式更有效；只有当跨国经营的企业具备充分竞争优势

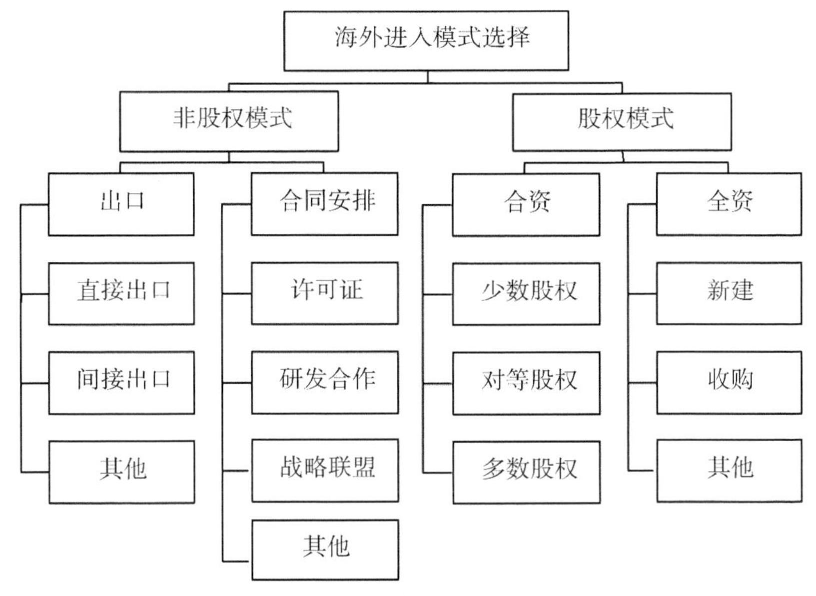

图 4－1　海外进入模式的层级分类

资料来源：Pan Yigang, Tse David K. The Hierarchical Model of Market Entry Modes [J]. Journal of International Business Studies, 2000, 31 (4).

时，高控制进入模式更有效。社会文化差异是造成企业内部不确定性的一个重要因素，母国与东道国的社会文化差异越大，管理人员在国外文化中越将面临高度不确定性，也可能导致管理者低估国外投资价值。同时，社会文化差异会造成很高的信息费用，进入企业可以通过将管理权转移给合作方或者用特许经营来避免这些不确定性以及费用，即采用控制程度较低的进入模式会更加合适。

目前，中国的跨国经营企业多半采用收购与兼并手段快速地进入海外市场，这也已成为跨国资本流动的最主要方式。如 2003 年 11 月 4 日 TCL 汤姆逊电子公司正式成立，其中 TCL 国际控股成为合资公司的主要股东，TCL 汤姆逊因此一举成为全球彩电行业最大的制造商。TCL 本以为能够利用汤姆逊的技术增强自己的国际竞争力，然而 TCL 集团报告显示，2004 年 TCL 与汤姆逊的合资公司 TTE 亏损 1.43 亿元；2005 年 TTE 亏损 8.2 亿元。与此同时，TCL 的手机业务也从辉煌的巅峰跌落，业绩大幅缩水，其国内市场份额由 11%降至 5.8%，并在 2005 年继续下跌至 3.7%。2004 年，TCL 集团的净利润下跌了 56.9%，年终净利润仅为 2.46 亿元人民币。随后的两年里，亏损仍在继续，TCL 一度深陷退市危机。2006 年 8 月 30 日，TCL 集团发布 2006 年半年度财报，指出 TCL 上半年净利润亏损 7.38 亿元人民币，亏损同比增加近 6.5%。并购后的三年里，TCL 损失 40 亿元。事实证明 TCL 并购汤姆逊是失败的，主要原因是低估了两国企业文化以及两国文化差异，高估了自己跨文化整合能力，最终导致文化整合尴尬的处境。TCL 一位负责人曾表示："在中国，如果领导说某件事情是对的，即使他错了，那么员工也要服从他。但是在外国公司里，这种情况就不会发生。我们有两种不同的文化。"他的话道出了 TCL 面临艰难的文化整合风险。有些中资企业急于扩大经营范围和规模，将其在母国市场上取得成功的经验以及在其他国并购经验复制到另一国的子公司中去，且对被收购方的研发成本、市场、债务、制度、现金流、文化等其他因素重视不够，最后只好以"梦碎"告终。很多中资企业缺乏长期战略规划的文化思维以及成本概念，低估母国与东道国之间的各种文化差异，习惯了本土转型经济环境中不规范的并购行为，使跨国并购失败在中资企业中已经习以为常。这种重实物资产、轻无形资产，重量不重质，着眼当前，盲目采取行动，在跨国并购中贪便宜的行为，最终会弄得不可收拾，兵败而归。

二、文化冲突对组织管理的影响

组织管理是指通过建立组织结构，规定职务或职位，明确责权关系等，以有效实现组织目标的过程。企业组织管理是对企业管理中建立健全管理机构，合理配备人员，制定各项规章制度等工作的总称。具体地说就是为了有效地配置企业内部的有限资源，为了实现一定的共同目标而按照一定的规则和程序构成的一种责权结构安排和人事安排，其目的在于确保以最高的效率，实现组织目标，其具体内容包括设计、建立并保持一种组织结构。

以下对东风日产合资初期所产生的冲突问题进行分析。合资初期，东风日产没有根据组织内外环境的变化和中国汽车市场特点，重新变革组织架构，而是照搬日产公司权利分配的组织架构。日产的组织架构以权力分配为主，层级多，机构设置庞杂，上下级必须按照严格的组织层级发布命令、反映问题、交流信息。这是由日本社会具有高回避不确定性的文化价值观所决定的。日产公司通过搭建繁杂和分权的组织结构来降低管理风险，并加强组织内部的相互监督。区别于日本文化的高回避不确定性，中方员工习惯了精简高效的组织架构，对日方繁杂的层级划分不能适应。除此之外，双方各占50%的股权结构致使双方在决策权、管理权与话语权的分配上要求均等，然而多层领导的设置使得管理混乱，表现为中方员工倾向于向中方管理者汇报，忽视日方管理者的态度，而日方领导只重视上级领导的意见而不接受与自己平级的中方领导的意见，甚至排挤中方员工。中日双方主管部门各自为政，互不协同。出现这种情况，主要是受集体主义文化价值观的影响，中国企业具有一种强群体文化，在群体中容易形成“自己人”和“外人”的概念，这严重阻碍了不同文化成员的紧密合作。此外，多层领导的设置使得下级员工不知道该向哪位领导汇报，当平级的中日双方领导出现意见分歧时，该执行哪位领导的命令，这就导致了中基层人员不作为或者无法作为。据东风日产销售科科长披露，虽然他是主管销售的负责人，却没有实权，几乎是形同虚设的中方代表，最多只能执行经营部长布置的一点具体工作，在销售政策的制定中根本没有发言权，经营部部长将日本的营销方法生搬硬套到中国，在销售旺季还能奏效，但在淡季就显得很被动，但经营部部长听不进下层的意见，而且很多时候还要听日方总经理的直接指挥，常常左右为难，开展工作缩手缩脚，好的点子也无法在实际工作中实施。

又如迪斯尼兵败巴黎。迪斯尼作为美国文化的象征，征服了不同国籍、肤色的儿童甚至也吸引了不少成年观众。1973 年，迪斯尼世界在佛罗里达建成。1983 年，迪斯尼成功打入日本市场，建成了占地 200 英亩的东京迪斯尼。东京迪斯尼乐园 1983 年建成后，到 1990 年的游客人数达到 1600 万人次，比美国的迪斯尼乐园人数还要多，在 1990 财政年度里，公司的收入达到近 10 亿美元，利润达 1. 5 亿美元，这一盈利现象极大地鼓舞了迪斯尼公司的进取心，接二连三的成功，使迪斯尼公司的头脑膨胀，他们企图把成功的套路再搬到欧洲，创造第四个奇迹。然而巴黎不是东京，迪斯尼没能复制其在日本的成功。耗资达 44 亿美元的巴黎迪斯尼隆重登场，但事与愿违，自 1992 年开张以来，经营状况一直不容乐观。法国的左派示威者用鸡蛋、番茄酱和写有“米老鼠回家去”的标语回敬远道而来的美国人，一些知识阶层甚至将刚刚诞生的米老鼠公司视为对欧洲文化的污染。主流新闻界对该公园也持反对态度，他们幸灾乐祸地描述着迪斯尼的每一次失败。

在跨国经营中，无论是投资决策还是具体的营销策略的制定，都要十分注意文化差异带来的负面影响。迪斯尼的败笔在于，首先是在决策上，错把巴黎当作加利福尼亚，以为欧洲人会像美国人、日本人一样很容易地接受远道而来的米老鼠和唐老鸭，忽视了像法国这样具有悠久历史文化传统的国度，其认为文化本身具有一种隐私性，不应该作为商业用途而对外输出，因此，他们为保持本民族文化的纯洁性对外来文化采取抵触态度。其次是在风俗习惯上，巴黎迪斯尼并没有考虑到欧洲人的生活习俗，而是以美国人的心理去揣摩欧洲人，从早餐的准备到司机休息室的安排，都忽视了不同国度的不同习惯，从而使自己陷入困境。再次是在管理上，美国人也犯了大忌，面对一个陌生的文化环境，傲慢的美国人没有任何收敛。他们对于当地人的疑问和建议总是一成不变地回答：“按照我们说的去做，因为我们知道什么是最好的。”法国人敏感的心灵被迪斯尼管理者们的粗鲁急躁、感觉迟钝、高傲自大伤害了。最后是在定价策略上，迪斯尼公司忽视当时欧洲正处于经济低潮的实际情况，以自己的垄断地位采取高价策略，也是导致失败的重要原因之一。

再以广州标致为例，广州标致是由广州汽车工业集团与法国标致汽车公司合资经营的跨国企业，文化背景的不同和企业管理基础的不同，使中法双方在合作过程中存在很大的分歧。在合资初期，广州标致公司从总经理、各部门经理到技术监督等重要管理岗位的负责人几乎都是法方人员，他们采用的是生硬的、强制的方式，推行全套的法式管理模式，由此引发了中方人员的强烈不满。与法国人相比，教育上的相对落后使得中方员工总体上的文化素质相对较低，与法方人员无论是在观念还是在行为上都存在着较大的差异和不和谐。法方在许多情况下容易以原有的管理方法和管理方式行事，使得中方的被管理人员产生逆反心理，以此引发更大的矛盾和冲突，甚至出现罢工现象。

有调查显示，全球约82%的跨国公司的失败是因为文化冲突而导致的。目前约有1/3的著名跨国公司因为多元文化管理不善而面临内部关系紧张的状况，这种文化冲突对于跨国公司经营管理的影响是全方位、全系统、全过程的，并且很有可能导致企业跨国经营的失败。由于人们文化背景不同、价值取向不同、行为方式不同，在日常工作中往往容易各行其是、各自为政、各级效仿、各成体系，使得组织不能处于正常状态，从而使跨国公司内部产生文化冲突。随着跨国公司经营区域和员工国际多元化，在内部管理上，由于人们具有不同的价值观、不同的生活目标和不同的思维方式以及不同的行为准则，很容易造成某种“秉性”，很自然地按照自己的价值观、思维方式去分析、判断，这样必然增加组织协调难度，导致管理费用增大，甚至造成组织机构运转效率低下。“二战”后美国管理者接管日本工厂，美国人按照能力主义的用人方式，选拔年轻的有能力的人担任领导，这与日本企业重视年龄、资历和经验的任人方式发生严重冲突，结果引起日方人员的不满导致工人罢工，就是该点的证明。

文化冲突对跨国企业经营活动有着许多消极的影响，为此必须采取有效的管理手段，使跨国企业在参与国际竞争的过程中，不仅能适应东道国的经济环境，更能适应东道国的文化环境，使文化适应走向经济融合，推动跨国企业的健康发展。

为降低文化冲突所带来的组织管理的不良影响，协调管理起到了非常重要的作用。古典管理理论的创始人法约尔把协调作为管理的五大职能之一，认为“协调就是指企业的一切工作都要和谐地配合，以便企业经营的顺利进行，并且有利于企业取得成功，协调就是让事情和行动都有合适的比例，就是方法适应于目的。”法约尔的定义给出了协调的基本内容。但它只包括组织内部的协调，未涉及组织外部的协调，只论及工作、事件、行动的协调，未涉及人际矛盾的协调，忽视了人的因素。这两个缺陷反映了古典管理理论的局限性。巴纳德对法约尔的定义作了补充，认为协调依赖于两个相互关联的过程，即组织与外部环境的适应过程及组织对人际关系的满足过程。综上所述，协调是为实现组织目标，对组织内外单位和个人的工作活动和人际关系进行调节，使之相互配合、相互适应的管理活动。

为了进行有效的协调管理必须遵循以下基本原则：

第一，目标原则。这是协调管理的首要原则，是指协调必须有明确的目标，管理者的协调行为必须围绕目标进行并与目标保持一致。确定协调目标时，必须正确认知协调对象：注意协调目标可能带来的后果，防止短期行为；针对协调对象的本质从根本上解决问题。西蒙认为，组织内部的所有这些分歧和冲突都最后表现在目标的不一致上。因此，管理者在解决这些冲突时，应集中地表现为协调各种目标的关系上。正如管理学家孔茨和奥唐奈所指出的，主管人员的中心任务就是消除在方法上、时间上、力量上或利益上存在的分歧，使共同的目标与个人的目标协调起来。

第二，及时性原则。及时发现解决部门之间、人员之间的矛盾和问题。这样既能减少工作中的损失，又能防止矛盾激化，便于解决问题。另外，还需注意在工作中有些冲突矛盾是不可控的，有些是可以控制的。对不可控因素也需要进行科学预测，在制定计划和安排工作时及早注意，这样有利于协调工作。

第三，规范性原则。由于新情况和特殊问题的出现会使个人与组织的活动与规则、规范相冲突，需要应急地协调并调整规则与规范，建立新的规则与规范。

第四，权变原则。对冲突问题应该具体问题具体分析、实事求是、灵活地区别对待。

协调的一般过程可以分为三个阶段：发现不协调因素、寻找解决办法、实施协调。一个协调过程的结束，即是下一个协调过程的开始，循环往复，每一个循环周期在内容和形式上都会同以前有很大差别。因此，在协调方法的选择上必须以协调对象的基础和承受力为依据，从具体的时间、地点、条件出发，灵活应对。协调管理尤其需要具有系统观念和风险意识，用科学、全面、长远的眼光来分析和解决组织中的协调问题。

综上所述，从事跨国经营的企业要获得健康发展，就必须重视公司员工彼此间的文化差异，通过构建组织内部的协调机制解决好文化冲突问题。而在跨文化冲突的组织管理中更要注重决策目标、共同价值观等深层次文化因素的沟通与融合。

三、文化冲突对市场营销的影响

美国市场营销协会（American Marketing Association，AMA）对市场营销做出如下定义：市场营销是在创造、沟通、传播和交换产品中，为顾客、客户、合作伙伴以及整个社会带来价值的一系列活动、过程和体系。

在跨文化管理的过程中，营销管理是其中最敏感，也是最重要的环节。市场的开拓、管理与发展对于企业经营来说，其重要性是不言而喻的。甚至可以说，跨文化市场营销是否成功，直接决定了企业跨国经营的成败。而在市场营销活动过程中，其整个过程几乎涵盖了所有的文化要素。通用电气公司的前任 CEO 杰克·韦尔奇（Jack Welch）说："在 20 世纪 90 年代，全球化已经成为不容忽视的现实。衡量企业（业绩）成功与否的标准只有一个：国际市场占有率。成功的企业通常依靠在全球各地找到市场而获胜。"随着生产力的发展，全球化成为必然的趋势，世界经济一体化进程加快，市场不再是某一个国家的内部市场，顾客也不再是某一个国家的内部消费者，所有的一切都是世界的，对于市场来说，国界的概念已经被淡化。所以企业只有在世界市场上取得成功，才能算得上是真正的成功。因此，走向全球，谋求更大的发展和发挥最大的潜能才是根本。相应地，全球经营和全球营销也浮出了水面。

全球营销是指为了实现公司整体目标而集中组织资源，选择、开发国内与国外营销机会的过程。全球营销是一般国际营销发展的高级阶段。它淡化了国家的界限，模糊了本国市场和外国市场，强调各主要职能的全球分工与整合，倾向于使用标准化的策略来服务于全球的目标顾客。实行全球营销，满足全球消费者的需求，而全球的目标顾客所处的环境是不同的，包括交流沟通的第一要素的语言不同、所处国家的风俗习惯不同、各个国家的历史不同导致的民族感情的不同、经济发展水平不同而导致的受教育的程度不同以及宗教信仰和家庭构成等不同，从而导致购买模式、生活方式等的不同。产生上述不同的最根本的原因就在于文化的不同。

一般来说，跨国经营企业所面临的经营环境包括经济环境、政治环境、法律环境、社会环境、文化环境等。其中文化因素对企业运行来说，其影响力是全方位的、全系统、全过程的。在跨国经营企业内部，东道国文化和所在国文化相互交叉结合，东道国和所在国之间以及来自不同国家的经理职员之间的文化传统差距越大，所需要解决的问题也就越多。在跨文化管理中，形成跨文化沟通和谐的具有东道国特色的经营哲学是至关重要的。伴随着全球营销的发展，经济学家将文化因素引入了消费者行为模型，强调了文化对消费者行为的影响。主流的购买行为模型将文化定义为影响消费者行为的关键因素，科特勒认为文化因素对消费者行为产生最广泛、最深刻的影响。主流的消费者行为模型，如恩格尔—考莱特（EKD）模型对文化变量的重要性给予了证明。在 EKD 模型中，环境影响、个体差异和心理过程是塑造消费者行为的三个核心力量，对这三个力量影响下的因素分析表明，大多数因素是直接或间接的文化范围的变量，如社会阶层、家庭、动机、态度、价值、生活方式以及学习。因此，他们得出文化因素在分析消费者行为中起到关键的作用的结论。

华纳曾指出："在跨文化管理中，一个被普遍接受的观点是：在某个特定的文化中有效的办法在另一个文化里可能没有效果。"因此，进行跨文化市场营销是实行全球经营企业管理的核心任务。跨文化市场营销是跨文化管理的一部分，它是指企业走出母国文化氛围，到不同文化背景的国家或地区从事经营活动，研究有异域文化特点的消费者行为并满足消费需求的过程。在跨文化营销中，由于文化因素对消费者行为的影响，需要根据当地的文化环境采取不同的营销策略，以满足当地消费者的消费需求。我们根据传统的市场营销 4Ps 理论，将这些营销策略分述为跨文化市场营销的产品策略、定价策略、分销渠道策略和促销策略。本节根据这四个方面对市场营销中的文化冲突进行相应分析。

（一）跨文化市场营销的产品策略

产品在进入不同文化背景的市场时，不能因为它在某个或某些市场中受到欢迎，就想当然地认为在另一个或另一些国家里肯定也存在巨大的、潜在的和有利可图的市场。我们必须清醒地认识到文化差异的影响，根据当地的消费水平、消费习惯和消费偏好，对产品进行适当改进，使产品与特定的文化环境协调一致，从而吸引顾客对产品的注意，最大限度地满足当地消费者的消费需求。产品可分为有形的产品和无形的产品（服务），它有三个主要属性：核心产品（自然实体）、可触知产品（包装、品牌、质量等）和增值产品（安装、运输、售后服务和维修等）。消费者购买的是整体，是三个属性的结合。

1. 品牌

品牌可以确认产品、服务，传递信息，品牌还是具有法律效力的虚拟财富。全球化品牌具有极高的认知度，但是不同的文化具有不同的品牌忠诚度。这主要是因为不同文化有不同的语言，而同一品牌在另一种语言中的发音甚至谐音会导致意义的改变，出现一种消极的甚至有害的意义，从而影响产品的销售和推广。以下的案例很有代表性：国际肥皂制造商考虑为其准备在国际市场上销售的肥皂粉新产品起名称时，他很明智地对拟议中的产品名称进行了50种主要语言的翻译测试。在英语和大部分主要的欧洲语言中，这个拟议中的产品名称有“美味”的意思，然而在其他一些语言里，这个名称翻译过来就不那么恰当了；在盖尔语中，它变成了“歌曲”的意思；在佛兰德语中，它的意思是“避开点”；在非洲的一个部落的语言中，它的意思是“马”；在波斯语中，这个名称被翻译成“匆忙”或“傻瓜”；而在朝鲜语中，这个名称听起来好像是指一个丧失理智的人；更糟的是，在所有斯拉夫语中，这个名称被认为是无礼的。很明显，这个拟议中的产品名称最终被否决了。这个案例充分说明了产品名称的重要性，它充分说明企业在新推出某种产品之前必须认真地考虑其名称的合理性。

2. 特征

特征包括许多属性，其中最主要的是尺寸、大小、容量和体积等。在不同的文化品位下，公司应针对当地文化特征对产品特征进行改变才能取得成功。美国宝洁公司（P&G）的纸尿裤产品在打入全球市场时就有一段曲折的经历。在进入日本市场时一直销路不佳。宝洁公司经过几年的研究之后发现了症结所在：日本的父母亲给婴儿换尿裤的次数要比美国父母亲多得多，但是日本父母亲通常没有像美国家庭那样的储藏室。这样，对于日本家庭来说，大包装箱会带来储藏的问题。宝洁公司于是针对日本市场改进了原有产品，设计一种较薄的尿布并用小包装进行销售，很快在日本市场取得了成功。在进入德国市场和中国香港市场时也同样出现了销路不佳的问题。经调查发现，德国的父母亲感觉纸尿裤太薄了，而中国香港的父母亲感觉太厚了。这是因为德国消费者通常是按照固定时间给婴儿换尿布，而且换的次数较少，不像香港的消费者那样很看重婴儿是否舒适，通常在婴儿大小便之后就马上把尿布换掉，换的次数比较多。宝洁公司根据这两个市场的不同情况，马上针对德国市场设计并投放了加厚的产品，而针对中国香港市场相应设计和投放了较薄的产品，很快就打开了销路，占领了市场。这样的例子很多，如瑞士的钟表制造商针对日本消费者体形较小的特点制作更小的手表，可口可乐根据东亚消费者的口味习惯设计较甜的饮料，海尔集团根据中东地区大家庭聚居的习惯设计大容量的冰箱，等等。

3. 包装

包装策略依赖产品所在的市场。如果产品是以商业应用为主的，则包装应朴素和功能化，对于生活消费品，包装则是促销的一部分。在包装策略中，不同的政府对包装的要求是不同的，因此包装的设计也会带来较大的影响。在不同的文化中，包装成为竞争成功的不可或缺的组成部分。在许多市场上，即使某个产品很受欢迎，但是如果产品的包装不合理的话，也会对产品的销售造成不利的影响。

在市场营销中，产品的包装有两个关键作用，一是产品包装可以促进产品的销售；二是产品包装可以保护产品。台湾地区的一家公司向中东运输玻璃杯，他们用木箱作为包装箱并用干草作为填充物。等货物到达目的地时，大部分玻璃杯都碎了。这是因为中东地区的天气比较干燥，当木箱运抵中东时，作为填充物的干草中的潮气全散发掉后体积变小，在木箱里就有了多余的空隙，运输过程中的颠簸使得玻璃杯互相碰撞而破碎，造成了很大的经济损失。在一个地方是有效的包装，在另一个地方可能就是无效的。在一些气候条件下，包装物必须进行专门的设计以保证产品的完好无损。如贵格燕麦（QackerOast）公司就专门使用一种特制的真空锡罐来包装其向炎热和潮湿的国家销售的产品。

由于不同地区的储存条件各不相同，产品包装的尺寸大小和形状也就必须相应地根据具体情况而变化。可口可乐公司曾试图向西班牙推销一种用两公升的塑料瓶包装的产品，但是市场反应不理想。可口可乐公司马上就发现在西班牙的家庭里，冰箱门上的隔间一般都很小，无法容纳大体积的瓶子。另外，洗涤剂的包装也应该具有不同的体积，以适应不同国家的具体情况。如德国人就很在意某些具体的细节，如洗涤剂的化学反应和实际的洗涤效果等，销往德国的产品包装上要注明这些方面的信息。

包装上的产品标签也应根据当地的情况作适当的改动，以避免伤害当地顾客的民族或宗教感情。如一家软饮料公司在无意中冒犯了阿拉伯国家许多顾客。该公司的产品标签上画有 6 个带尖角的星星，公司的意图只是将这些星星作为包装上的点缀，而阿拉伯人认为这个图案具有反对以色列情绪，这个标签不得不进行修改。产品及其包装颜色的选择也是重要的问题，因为同种颜色在不同的地区可能代表不同的甚至相反的意义，因此在国际经营中一定要慎重选择。另外，在使用花卉作为产品标签上的图案时，同样也要注意这些花卉在不同的地区所代表的不同意义。

（二）跨文化市场营销的定价策略

定价受成本差异、需求条件和国家法律等因素的影响。通常的定价方法包括成本法、市场法（根据市场情况和竞争对手的情况制定价格）、以需求为基础的定价法和利润法。

每一种文化对定价策略以及方法的应用都有其文化偏好。价格的最终决定因素也许与成本无关，产品的形象和质量以及所在地文化也许将成为主要决定因素（产品所包含的文化因子与其价格是密切相关的）。在不同文化国家进行定价时，跨文化经营者面临着两个基本问题：出口商品定价和外国市场定价。另外，定价的职能体现在国际市场营销组合策略中价格竞争的地位。在不同的文化里，消费者对价格的敏感程度是不一样的，如日本市场，对价格变化的需求弹性小，日本人对价格不敏感。收入、文化习惯和消费者偏好在不同的国家也不尽相同，在不同的文化面前，人们对不同的价格会有不同的选择。特别值得注意的是，母公司的定价策略经常会影响子公司的定价方式。总之，有效的定价是成功的国际商务运作中的一个主要因素，为保证跨国经营的成功，应该考虑的方面包括变化的市场分销和市场营销成本、汇率的波动、对产品的不同喜好和当地竞争。特别是在国外存在并行进口或出口时（如合资公司），定价策略是整个营销的关键所在。

在跨文化营销中，国内企业所惯用的低价策略并不一定行之有效。如某生产午餐肉的国际公司在进入某个国家市场时，为了在价格上击败竞争对手，该公司降低了产品的价格，把原价中的零头去掉，变成了易于计算的整数价格。这样，相对于竞争对手来说，己方的价格就相对较便宜。但是令这家公司失望的是，消费者看来更愿意支付那点额外的零头，究其原因，是由于当地的零售商的一些做法改变了顾客的选择。零售商们发现当顾客购买那种带零头的价格较高的肉罐头时，常常不要商店找给他的零钱。这使得这家公司用了 36 个月的时间重新调整其价格，然后重新出售其产品。也有相反的案例，如 Pepperidge 公司注册经营的“高级饼干”，在进入美国市场时也曾遇到了困难。开始时，这种饼干销售不旺，直到这家英国公司以比原来低得多的价格销售时，情况才有了转机。产品并非在所有的国家都有好的口碑，因此在有的地方有人愿意出高价购买，而在另一个地方可能就无人问津。

在跨文化的营销环境中，任何认为产品具有“特殊价值”的推测都是危险的。除非对该市场环境非常了解，而且有了非常稳定的市场业绩，否则盲目执行高价格的营销策略是不可能取得好的销售业绩的。毫无疑问，汇率和通货膨胀都是国际经营中必须要考虑的因素。而在有些文化中，信用消费也是与价格相关的一个变量，它往往在市场战略中起着关键作用。尽管产品的价格很合理，但是如果不能被接受的话，同样无法打开销路。一家著名跨国公司对自己专门设计的洗衣机作了认真的市场调查，得出结论认为这种产品在拉美市场前景非常好。然而，尽管公司已经生产出了大批产品等着销售，其销售状况却很差。经过调查公司发现问题之所在，当地的竞争对手允许顾客赊买，那些参加了市场调查的顾客都认为这种新产品是可以赊买的，因为这在当地是惯例。因此，在调查中当问及是否购买这种新式的洗衣机时，他们回答“是”，而当他们发现不能进行赊买时，他们马上就改变了主意。可见，在跨文化营销活动中，制定价格策略和销售策略时，对于与其相关的所有方面、所有细节都必须加以认真考虑。

（三）跨文化市场营销的分销渠道策略

分销渠道是指商品从生产商到最终用户的通道，当消费者需要或大批量需要某种产品时，这一渠道将为之提供服务。

宝洁公司在 1988 年进入中国大陆市场。10 余年的时间，宝洁中国公司在通路管理上经历了三个阶段。1988～1992 年，对分销商采取的是典型的“推压”式管理方式，将产品直接销售给分销机构，以分销商缴纳货款为分水岭来确认产品所有权的转移。问题是显而易见的，回款难和市场覆盖率低是这种渠道管理模式的痛疾，宝洁也不例外。因此，从 1992 年开始，宝洁开始“帮助”分销商销售自己的产品，同时对市场覆盖进行规划，一定程度上解决了市场覆盖问题，但同时由于宝洁公司突出的市场地位，使其成了同类产品的价格标杆。分销商为了招徕零售商，不断降低宝洁产品的零售价格，进而造成渠道的混乱，使宝洁遭受了巨大的损失。在这种情况下，1995 年以后，宝洁开始推行严格的数字化管理，为分销商转型做准备。1999 年 7 月，宝洁推出了“宝洁分销商 2005 计划”。该计划指明了分销商的生意定位和发展方向，详细介绍了宝洁公司帮助分销商向新的生意定位和发展方向过渡的措施。

在计划的实施中，宝洁公司与分销商一起经历了深刻的变革，这不可避免地带来了震荡和阵痛，但是宝洁公司深信，分销商作为服务提供商的方向是正确的。另外，由于我国是农业大国，大部分人口都居住在农村。宝洁公司又开始了乡镇终端网络的建设与规划，从而在深度和广度上加强营销网络的构建。无论是从分销商的回款速度、市场推广的主动性、擅自调整产品价格等方面，还是从农村市场的功能性需求、示范效应与口碑效应、低整合度的无序市场、假货横行等特点，都带有浓郁的中国特色。而从更深层次上看，这些低信用度、盲从等特点又有中国文化的影子。宝洁公司进入中国这个有深厚东方文化底蕴的市场环境中，经过三次适应和调整才找到自认为是正确的通路选择，这也是宝洁公司成功进军中国市场不可忽略的重要因素。

对于生活消费品而言，渠道比工业产品要长，在抵达零售商和最终消费者之前需要 1 ~ 2 个层次的批发商。中间商具有生产商所没有且不愿做的功能，他们提高了营销过程的效率。国际分销渠道成员很多，分销商、代理人、委托机构、进口商、交易商、批发商、贸易公司、合作出口商、国有贸易公司，还有特许经营和合作伙伴的纵向营销体系。

文化的主要功能之一就是对某个社会成员进行劳动划分，由于分销渠道主要用来进行劳动划分，因而渠道间的关系也应反映所属的文化价值观。世界各地的分销商有着很大的区别。发达国家的中间商规模一般较大，对这些具有全球性的商业中间商和零售商而言，他们和地方性的商业企业在竞争中具有较大优势。如果这些大的国际性的分销商在陈列产品、优化顾客、产品分类方面能够和当地的文化联系起来，是可以开始其国际化扩张的，如国际零售业巨头沃尔玛和家乐福。

影响跨文化经营者对分销渠道选择的因素主要有：中间商的可用性；中间商的服务成本；中间商的工作效率和职责；生产商所能影响的控制范围。选择分销渠道时，必须考虑国家和文化因素，从而为目标市场所接受并保持信誉。当地的中间商具有以下优势：可以节约成本、熟悉当地语言、在给定的环境里与文化相关的运作特性能提供帮助等。当然，如果市场需要而且经济实力允许，跨文化经营企业也可以构建自己在当地的分销网络。事实上，很多进入中国的大型跨国公司都选择了这种本地化的通路策略。从传销在我国的失败，也可以看出文化背景对营销通路的影响。在境外相当成功的传销模式，传入我国之后竟成了不法分子进行商业欺诈的工具，严重干扰了正常的经济秩序。我国市场不成熟固然是一个原因，但最主要的原因还是文化对经济活动的影响。

（四）跨文化市场营销的促销策略

常见的促销方式有优惠券、彩票、游戏、竞赛、降价、展示、赠送、象征性优惠、奖品、样品、现金返还、赞助活动和赠品交换券等。

广告是最广泛的促销手段。宝洁公司试图在日本推广佳美香皂时就曾犯过错误。在日本使用了欧洲很受欢迎的一则电视广告。在这则广告中，一位妇女正在沐浴，她所使用的香皂香味飘散，使她的丈夫闻香而闯入了浴室。这则广告遭到了日本人的抵制，因为在日本，闯入浴室是无耻下流的行为，即使是她的丈夫也是不可原谅的。于是，宝洁公司不得不在日本取消了这则广告。在跨文化的广告传播中，当潜在的消费者把广告信息翻译成自己的知识时，文化上的差异会造成许多障碍。

在进行生活消费品营销时，大众媒体广告效果相当明显。文化差异直接体现在人们对促销工具的不同偏爱上。在大众媒体覆盖面较低的地方，促销效果往往不佳。促销的运用需要借助目标零售商的经验。经验表明，在本国取得成功的促销方式在海外不一定同样有效，因而为促销制定国际标准是很困难的。每一种促销方法都有其适用性，而且各国对促销方式的限制也有所不同。此外，由于法律的不同，采用竞赛和彩票方式的具体情况是很复杂的。在跨文化促销中，法律因素和营销的成熟度对于促销工具有着强烈的影响。

在美国，整个工业都依赖广告，我国的广告市场也呈明显的增长趋势。文化对于沟通和信息的反映方式是不同的。理解这些差异的广告将取得成功，而忽视将会失败。

失败的营销研究与对文化差异的误解和缺乏理解是导致广告失败的主要原因。当地文化中的宗教信仰、习俗和禁忌等因素也是跨文化广告传播中应该考虑的重要因素。在广告制作和品位方面，文化存在明显的差异。在参加国际广告大赛时，西方人看不懂中国的广告，他们不明白中国人到底想让消费者知道什么。在不同的国家，对广告传播方式的要求是不同的，如在阿拉伯国家，女性是不能出现在广告中的。

广告是国际营销中的关键工具，一则广告要在国外取得成功需要做到以下几点：广告信息对于当地人们的经验必须是有意义的；广告信息必须与目标观众的期望产生共鸣；广告信息绝对不能涉及敏感问题；理解当地文化对广告的影响；不要认为成功的广告在任何地方都有效；当广告目标随市场的不同而变化时，定制广告时必须考虑文化因素；清晰设定目标市场的目标消费者；等等。总之，文化因素对企业跨国经营的影响可能是致命的，跨国经营者要从各个层面了解异国文化的特点，做好前期的营销调研和研究工作，将跨文化的市场营销贯穿在国际经营活动中，才能保证企业跨国经营战略的顺利实施。

综上可以看出，在不同文化影响下，各国所采用的市场营销手段不尽相同，而在跨国经营中，如何做到避免文化冲突，做好市场营销，对于跨国经营战略的顺利实施就显得尤为重要。

四、文化冲突对人力资源的影响

人力资源也指一定时期内组织中的人所拥有的能够被企业所用，且对价值创造起贡献作用的教育、能力、技能、经验、体力等的总称。狭义讲就是企事业单位独立的经营团体所需人员具备的能力（资源）。人力资源管理，是指在经济学与人本思想指导下，通过招聘、甄选、培训、报酬等管理形式对组织内外相关人力资源进行有效运用，满足组织当前及未来发展的需要，保证组织目标实现成员发展的最大化的一系列活动的总称。本节从选聘、培训、绩效评估三个方面对人力资源文化冲突加以分析。

（一）文化差异对选聘的影响

在权利化程度高的国家，从事管理工作的理想人选来自社会上层或毕业于名牌大学，有较高学历。这些特点注定他们具有先天的或内在的领导素质。在权利化程度低的国家，管理人员的选聘更多地依据其个人表现及工作业绩。在高不确定性避免程度的国家，对新加入者的选聘主要依据他们适应组织并忠诚于组织的潜力、资历的深浅、对组织的长期承诺及管理专长等；在低不确定性避免程度的国家，对管理人员的选聘主要是依据他过去的工作表现及其受教育程度。集体主义导向的组织倾向于从其喜爱的群体中选聘经理，最通常的情况是其喜爱的群体是庞大系统或庞大家族的朋友，成为亲戚或为其家族所熟悉的人比一个人其他方面的能力更重要；相比之下，在个人主义占主体的社会中，人们通常认为对家庭和朋友的偏袒是不公平的，也是不合法的。在这种社会，大多数人相信人员的选聘应依据公平的条件。公平的条件意味着相同的条件普遍适用于所有的候选人，其文化理念是，公开竞争会使最优秀的人得到工作。在高男性主义的社会，工作有明显的性别区分，因此招聘时，不同的工作对男女的侧重点是不一样的，工作是人们生活的非常重要的核心，其常常能接受到其他城市或到其他国家一年以上的任职。在低男性主义的社会，工作与性别无关，也并非人们生活的核心，人们要求更多的闲暇和较长的休假时间。在高长期导向程度的文化中，选聘主要是基于候选人与公司相适应的个性及其受教育的特点。在雇佣决策中，潜在雇员的具体技能相对而言并不重要，更重要的是他们具有的长期导向的文化。因为组织长期承诺的培训和社会化可以弥补最初与工作技能相关的任何不足之处，相比之下，短期导向文化的组织则必须集中于可直接运用的技能。因为招聘者总是假设雇员不会长久地在公司工作，公司不能保证在雇员培训与社会化方面的任何投资将会得到回报。

为最可能地避免文化冲突的产生，应做到适应东道国的劳动立法和社会传统；注意东道国的种族和宗教。如在印度，由于等级制度的存在，任命低社会等级的人作为主管去领导高社会等级的人就显得不合时宜，同样，在日本，任命较年轻的人去领导年纪较大的人也是不合适的。因此，在进行人员选聘的时候，要注意不要与东道国的宗教信仰、风俗习惯等发生冲突。而在遴选驻外人员时，最重要的是考虑职业、国际经验以及技术能力。同时还应考虑个人对不同环境的适应能力、灵活应变能力、文化适应能力、语言和交际能力、情感的成熟和稳定、对工作的积极性等因素。上述各种因素在跨国公司驻外人员的挑选中，都成为重要标准甚至许多跨国公司如高露洁、惠普等都已将其规范化。

文化差异对于跨国公司人员选聘具有非常重要的影响，只有注意到文化差异所带来的不同，才能有效避免因差异存在所导致的效率低下甚至是跨国经营的失败。

（二）文化差异对培训的影响

在权利化程度高的国家，培训的重点在于同一或服从，员工的培训强调服从和可依赖；在权利化程度低的国家，培训主要是针对自主能力，方式比较灵活。如在西方人看来，中国是个权利化程度高的国家，学生从小就被教导要尊重和顺从老师，因此中国员工在培训中习惯将自己作为知识的被动接受者，中国员工在培训中很少向老师提问或对老师的陈述提出异议。在中国开展业务的跨国企业发现，在西方经常采用的那种学员高度参与的培训方式在中国很不适用。在这种情况下，人力资源经理就需要发展出适应当地文化特点的培训技术。

在高不确定性避免文化中，员工的培训重点在于提高专业化程度以避免竞争，寻求安全感；在低不确定性避免文化中，则更强调适应培训，鼓励员工的创新意识。在高度个人主义程度的文化中，培训集中于个人成就所需要的一般技能，职业生涯规划依然是个人的责任，而这些个人目标可能与完成当前的组织任命或参与的管理开发不一致；在低个人主义文化中，培训着重公司所需要的技能，员工被动地接受组织安排的培训。在高男性主义社会，工作是人们生活的核心，工作上得到认可被认为是主要的激励因素，因此培训的内容与个人的职业生涯取向有关，员工很重视个人的发展；在低男性主义社会，由于工作并不构成人们生活的核心，人们愿意享受更多的闲暇，并注重生活质量，因此培训的内容、形式均由工作单位来决定，与企业有关。在长期导向的文化中，培训主要集中于长期就业所需要的技能；在短期导向的文化中，培训内容则局限于公司目前的需要。如日本是低个人主义的国家，新加入的银行职员会被指派为别人服务的任务、为整个工作群体服务或者进行禅宗的训练教会他们谦卑。这种加入仪式和忍耐力的考验的目的是让群体成员身份显得更加可贵，一旦通过了这些测试就是其中一员了。借此增强其位于个人之上的群体意识。而在美国对新员工培训强化高度的个人主义、攻击性和强烈竞争的企业文化气氛。如在所罗门兄弟投资银行，为员工强化的基本假设是个人成就、超越自然的控制（对金融市场、管理者和客户）、男子汉气魄和出色完成任务，而不是搞关系。

跨国经营的企业应通过有效的培训，培养目光长远，能够适应多种文化并具有积极的首创精神的经理人员。跨国培训的主要内容有文化认识、文化敏感性训练、语言学习、跨文化沟通、跨文化冲突的处理以及地区环境模拟等。员工和他们的家庭可以通过书籍、讲座和录像带了解东道国的文化、地理、社会和政治历史、气候等环境，也可以利用相似的文化环境进行模拟敏感性训练。跨文化培训包括出国前培训、到任后培训、归国前培训和归国后培训四个环节，缺一不可。驻外人员回国时遇到的文化冲击所造成的危害有时不亚于出国上任时遇到的文化冲击所带来的危害，因此，不能忽略归国前和归国后的培训。培训跨文化能力，要认真审视企业母文化和异域文化，找出两者的差异，避免进行以自我文化为标准的文化评价。培训时，要强调员工对人际关系的洞察力，员工对文化的敏感性，交际沟通和团队管理与工作的能力。经济全球化下的跨文化培训，组织的决策者要认识到不仅驻外人员需要培训，组织内部的其他成员也需要培训文化的敏感性。总之，跨文化培训不是一时一地一次性的培训，而是一个过程。跨文化培训有时还必须做出相应的变化，以适应新环境的需要。

（三）文化差异对考评的影响

在高权利程度的社会中，考评指标的设定存在困难，因为主管人员拥有较高的地位和较大的权力，下属人员认为应该等待上司给自己布置工作任务，如果自己参与目标的制定过程无异于越俎代庖。而主管如果试图与员工一起制定考评指标则会被看作是没有完成任务。在权利化程度低的文化中则相反，由主管和下属员工一起制定考评指标及工作任务，考评方式则可以是 360 度考评。

在不确定性避免程度比较高的社会中，由于员工规避风险的倾向高，他们不愿意承担有挑战性的工作，这也为考评指标的设定带来了困难，通常根据资历、专长与忠诚来考评；在不确定性避免程度比较低的社会中，则主要根据个人表现来设定指标。在高个人主义倾向的社会，主要是针对员工个人的工作绩效进行评价，业绩评价体系是正式的、公开的，但在集体主义倾向比较高的社会中，这样做就不太合适，因为在集体主义文化中，员工的身份感来自是集体中的一员，而强调个人的绩效考评方法则试图将员工与集体分离开来，无论是对员工个人进行奖励还是批评都隐藏着深层次的危险。在这种文化中，对员工集体的考评比对员工个人的评价更重要。且其业绩评价体系倾向于非正式和较为秘密的方式。在高男性主义的社会，考评指标男女有别：在低男性主义的社会中这种性别差距较小，企业可根据工作表现对员工进行考评。在长期导向的文化中，考评体系的核心在于评价和开发符合公司长远利益的“整个人”，他们在评价工作业绩的同时，评价诚实、忠诚和工作态度；而在短期导向的文化中，则只评价近期的工作业绩。不同的文化对绩效评估的指标如能力也有不同的看法。美国经理会认为影响他人、建立关系、听取他人意见和适应能力是最重要的。而一些欧洲的经理会认为，为了结果而激励员工的能力则更重要，那些“软”的技能如团队建设和听取他人意见则与绩效相关相关程度较低。

中国作为“中性”文化的国家，更强调善待他人，在组织内友好相处和相互支持，自然会把这方面的能力特征看得很重要。绩效考评反馈方法从西方国家发展而来，是与个性化很强的社会文化相适应的，试图将这种方法搬到集体主义思想很浓烈的中国往往会带来许多问题。许多研究表明，文化有助于决定绩效评价的范围和方法，同时，文化的差异将影响组织领导的管理方式以及下属对不同管理方式的反应和适应性。研究表明美国、澳大利亚是低权力距离的国家，员工能够比较平等地参与对上级和同事的绩效评价，而不必受到权力和权威的干扰。一般认为，中国文化具有高权力距离的特征，员工可能更加注重来自上级的反馈，而不注重来自下级的反馈信息。同时，由于权力（或权威）的无形压力，下级的反馈信息往往不全面或者具有“违心拔高”的倾向，原因在于不敢冒犯权威。中方经理尽管自己评定比外方老板的评定低，但他极有可能从下属那里获得很高的评价，显然，这种文化背景不能完全为经理的发展提供准确有价值的反馈。权力距离的文化差异还对评价指标的认识产生影响，有研究发现高权力距离的国家把自己进步看得不重要，而那些高个人主义文化国家却把与其他人合作共事的团队看得不重要。

由此可知，在跨国经营中，文化冲突对于人力资源管理具有一定的影响，若想要跨国经营战略顺利实施，进行相关研究的重要性不言而喻。

本章从经营方式的选择、组织管理、市场营销、人力资源四个方面分别分析了文化冲突的影响，从以上给出的跨国经营案例中可以看出，文化冲突对跨国经营的各个方面都会产生重要影响，如果不能很好地解决文化冲突，做到文化融合，势必会对跨国经营战略产生不良影响，只有充分了解了文化冲突对跨国经营的影响，才能做到真正的“知己知彼，百战百胜”。

第五章　跨国经营中的文化冲突管理策略

一旦冲突（特别是破坏性冲突）发生了，不管是发生在哪个层次上的，都要及时对它进行管理。我们有理由认为，建设性冲突部分地建立在对冲突进行管理的策略和方法的恰当理解和运用上。即使是破坏性冲突，如果管理得当，亦可为我们所用。文化冲突管理的有效性在很大程度上取决于如何识别和把握冲突的根源，以保证在不同层次上维持适度的冲突水平。文化冲突是合资企业中人们在相互交往的过程中出现的一种自然现象，对文化冲突进行管理的方法在很大程度上决定了能否使冲突的负面效应最小化和最大限度地发挥其正面作用。如果能够有效地管理冲突，可以增加创造性，提高创新能力，并形成更有效的组织；相反，没有真正认识、理解冲突，不能对文化冲突进行有效管理，很容易导致对组织资源的浪费，有时还会强化彼此间的冲突甚至使组织目标受到影响。

跨国经营中的文化冲突管理要遵循一定的基本原则，管理者要在这些原则的指导下采取一定的策略和方法有效管理文化冲突，以期尽量避免或使其负面影响降到最低，最大可能地发挥其积极作用，提高企业的整体竞争力，创造更好的经济效益和社会效益。

一、文化冲突管理的基本原则

（一）文化对等原则

文化对等原则是企业在跨国经营中管理文化冲突的首要原则。文化无优劣之分，文化冲突也无对错之分。各种文化之间存在的只是差异问题，而不是优劣的问题，没有一种文化是最优秀的。人类学家认为，尽管各种文化的价值标准千差万别乃至相互对立，但它们都有一定的维系人类社会存在的功能。每一种文化关于价值判断的标准在其文化体系的范围内都有其存在的合理性。任何一种价值标准既不比其他标准优越也不存在落后的问题，它们都是独特的，只有从一定的文化角度来考察它们，才具有意义。

企业跨国经营中的文化冲突管理必须坚持文化对等原则，要相互尊重、相互理解、相互学习。进行跨文化交往的人们应尽可能消除种族优越感，放弃自以为是和想当然的态度及一切先入为主的成见，抱着虚心的学习态度去了解对方的文化，在文化对等的基础上积极广泛地交流，对对方文化与己方文化中的差异抱着宽容的态度去理解，不可一概排斥。管理者面对文化冲突应有平和的心态、宽容的态度和理智的处理方式，做到客观公正，使企业成员在相互尊重的前提下尽量达成文化共识，增强企业的内部凝聚力。

（二）权变原则

企业在处理跨国经营中的文化冲突管理时应坚持权变原则。权变理论是20世纪70年代西方管理学界提出的一种新的管理理论。权变即随机应变，根据不同的情况和条件，灵活区别对待事物，具体问题具体分析、具体情况具体对待。权变理论的基本思想认为在管理对象、环境条件、管理方法和技术与管理所要达到的组织目标之间存在着一种函数关系，其相互关系可由下列等式近似地加以描述：管理目标 = f {管理对象，环境条件，管理方法和技术}。其中，在管理对象保持不变的情况下，作为因变量的管理方法和技术，应随着环境条件变化而相应变化，以期更有效地实现组织目标。

管理是一门艺术，而艺术是没有一定规律的。世界上不存在一成不变、普遍适用的管理模式，管理的有效性总是与特定的管理对象和环境条件相联系。在一个特定的文化环境下行之有效的管理模式，在另一种文化环境下也许会产生截然不同的结果。没有放之四海而皆准的管理模式，也没有永远最优的管理方法。行之有效的管理应与当时当地的具体情况相适应，特别是与东道国的文化相适应。对于跨国经营企业的管理者来讲，应具备在不同文化环境下从事综合管理的能力，根据企业的实际情况和员工的不同文化背景因材施教，在反复的实践摸索中寻求最适合自己的跨文化管理模式。反之，如果片面地以自我为中心，死守教条，不知变通，必然导致管理上的失败。

（三）人本原则

以人为本的管理理念是现代企业管理的核心精神，跨国经营的企业进行文化冲突管理还应坚持人本原则。管理首先是人为达到自己的目的而进行的自觉活动，一切管理活动的主体都是人。人既是管理的主体（管理者），同时又是管理的客体（被管理者），离开了人就谈不上管理。在企业管理中，管理其实就是对人、财、物的管理，而在这三者之间，只有人是有能动作用的因素，对财和物的管理都只有通过对人的管理才能真正实现。人的积极性、创造性发挥的程度如何，直接决定着企业的生存发展。在企业中，无论如何先进的机器设备都是由人设计和操作的，多么优质的服务都是通过企业中人的行为体现的。

因此，人是企业最重要的资源，是企业的第一财富。优秀的企业应当树立以人为本的管理理念，实施人性化的管理，尊重人、关心人、理解人、依靠人、团结人和培育人，充分尊重人的个性化发展，最大限度地调动人的积极性、主动性和创造性，做到人尽其才，才尽其用。

对于具有全球视野的企业来讲，管理者要尊重不同员工的文化背景差异，对员工实施不同层次的跨文化培训等，提高他们的素质和能力。管理人员处理文化冲突时，要客观、公正、公平，不应有任何民族偏见、偏袒其中一方；要坚持对事不对人的原则，从事实出发解决问题，禁止任何形式的人身攻击和人身侮辱；处理方式上要尽量温和宽容，以理服人，敦促各方维持一种理智、心平气和的气氛。只有如此，才能使文化冲突逐步磨合并最终得以融合。

（四）平等互惠原则

无论是从企业的文化冲突管理，还是从企业的长期稳定发展来看，文化冲突双方都必须始终坚持平等互惠的原则，在共同合作的基础上，互惠互利，以实现“双赢”的目标。在文化冲突中，要明确的一点是，双方的利益是一致的、紧密联系在一起的，而不是相互对立排斥的。双方是利益的共同体，只有相互合作，才能实现发展目标，谋求经济利益和社会效应。如果只顾己方利益的满足甚至以牺牲对方利益为代价谋求自己的利益，最终只会损害双方的共同利益。

在企业的跨国经营中，文化冲突是难以避免的。此时，双方应在平等的前提下，从整体利益出发，树立长远的目标和共同的目标，立足长期，互谅互让，兼顾双方的需求，只有这样才能有效地解决双方的文化冲突问题。如果双方都坚持己见，斤斤计较，不惜以各种手段和方法谋求自己的利益，结果必然是合作的破裂，拟定的目标难以实现。

二、文化冲突管理的基本策略

关于冲突管理的基本策略，管理学者和专家提出了不同的模式，其中影响较大、应用较广的是美国行为科学家托马斯（Thomas）的二维模式。同样，这种模式也可用于文化冲突管理基本策略的分析。托马斯模式中的横坐标纬度“关心他人”表示冲突主体在追求自身利益过程中与对方的合作程度，也就是其试图使他人的关心点得到满足的程度；纵坐标纬度“关心自己”表示冲突主体在追求自己利益过程中的武断程度，也就是试图使自己的关心点得到满足或坚持己见的程度。托马斯以冲突主体的潜在行为意向为基础，通过这样的纵、横坐标轴，定义了如图 5－1 所示的冲突行为的二维空间，并组合形成了通用的五种冲突管理基本策略。

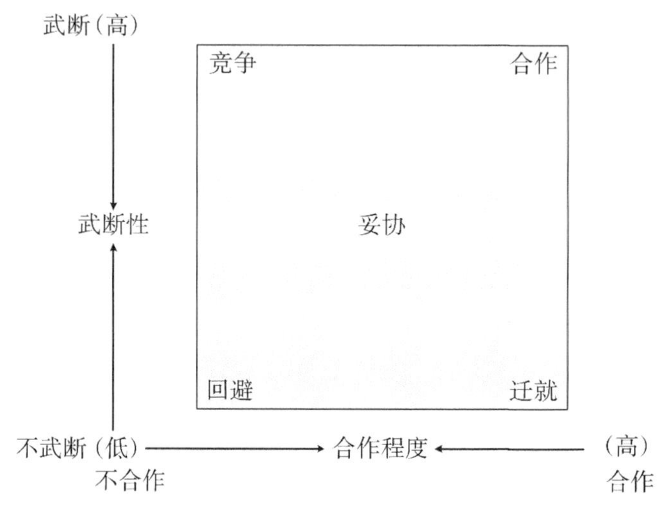

图 5－1　托马斯二维模式

（一）竞争策略

竞争策略又称强制策略，是一种“我赢你输”、武断不合作的冲突管理策略。运用这种策略时，冲突一方往往努力通过权力、地位、资源、信息等优势向对方施加压力，迫使对方退让、放弃或失败；或试图向对方证实自己的观点是正确的，对方是错误的；或努力超过对方并压制对方，以牺牲对方的代价达到自己的目标等。这种策略难以使对方心悦诚服，容易引起对方的反感、消极情绪和评价，但在冲突主体实力悬殊或应付危机时较有效。竞争策略适用的情形有：①冲突各方有一方具有压倒性力量；②冲突发展在未来没有很大的利害关系；③冲突中获胜的成本很高，赢的“赌注”很大；④冲突一方独断专行，另一方则消极而为；⑤冲突各方的利益彼此独立，难以找到共赢或相容部分；⑥冲突一方或多方坚持不合作立场。

在合资企业的文化冲突管理中，运用竞争策略的一方往往是合资企业中控股的一方，他们在合资企业中扮演统治者的角色，企业内的决策和行为往往受其文化支配，而其他文化则受到压制。具体表现为合资一方为了实现自己的目标，向另一方施加强大的压力，竭力压制、打击、损毁对方的企业文化，使之被迫瓦解、消亡，从而灌输自己的企业文化。这种策略的优点是能在短期内形成统一的企业文化，但缺点是不利于博采众长，因其他文化受到压抑而极易使其他成员产生紧张、反感和愤怒情绪，甚至会遇到对方的强烈抵抗，最终加剧文化冲突。

（二）回避策略

回避策略是指既不合作又不武断，既不满足自身利益又不满足对方利益的冲突管理策略。奉行这一策略者无视双方之间的差异、分歧或矛盾对立，或保持中立姿态，试图远离冲突、将自己置身冲突之外，放任冲突自然发展或自生自灭，希望随着时间的推移，问题能得到自行解决和自然淡化；或回避冲突的紧张和挫折局面，以退避三舍、难得糊涂的方式处理冲突问题。此策略适用的情形有：①冲突程度很小，没有严重损害组织的效能，没有必要立即加以处理；②冲突主体没有一方有足够力量去解决问题；③冲突因琐碎问题引起，微不足道，与冲突主体自身利益不相干或输赢价值很低；

④冲突双方情绪激动、缺少信任、沟通不良时，不适合立即解决，待时机成熟后再予以解决；⑤采取行动后带来的负面影响超过冲突解决后获得的利益。回避策略不适于复杂或正在恶化的问题。回避策略可以避免冲突问题扩大化。当冲突主体相互依赖性很低时，还可避免冲突或减少冲突的消极结果；但当冲突双方相互依赖性很强时，回避则会影响工作，降低绩效，并可能忽略某些重要问题的看法、意见和机会，招致对方的受挫、非议和影响冲突的解决，因此长期使用此策略时，应三思而后行。对合资双方来讲，不宜长期运用回避策略解决文化冲突问题。因为在合资企业中，其经营管理策略的制定、执行必须靠双方的协商、配合及努力才能顺利进行。如果双方长期对分歧和矛盾视而不见，一味回避，只会暂时掩盖问题，使矛盾越积越深，最终加剧冲突，引起更大范围的冲突和混乱，甚至导致企业的解体。回避策略只是一种权宜之计，治标而不治本。

（三）合作策略

合作策略是指在高度合作精神和武断的情况下，尽可能地满足冲突主体各方利益的冲突管理策略模式，是一种富有建设性、双赢的冲突解决方式。这种策略要求双方开诚布公地进行讨论，积极倾听并理解双方差异；既考虑自己关心点满足的程度，又考虑使他人关心点得到满足的程度；尽可能地扩大合作利益，追求冲突解决的“双赢”局面。合作策略适用的情形有：①冲突双方不参与权力斗争；②双方未来的正面关系很重要，未来结果的赌注很高，欲建立持久的良好关系；③双方都是独立的问题解决者；④冲突各方力量对等或具有共同利益，相互依赖。

在企业的文化冲突管理中实施合作策略时，冲突双方在承认、尊重彼此文化差异的基础上，积极与对方进行信息和情感的沟通交流，坦率澄清差异并努力找到解决问题的办法；同时寻求双方的共同利益所在，在充分了解对方需求的基础上做出积极解决问题的姿态，并采取有效的行动以求达到双赢的结果。这种策略有利于企业中不同文化之间的融合，形成一种你我合一的全新的和谐的企业文化，同时有助于增强企业内部的凝聚力，使双方专注企业的整体目标，在相互合作、配合中得到共同发展。

（四）迁就策略

迁就策略又称克制策略或迎合策略，指的是一种高度合作且武断程度较低（不坚持己见），当事者主要考虑对方的利益、要求，或屈从对方意愿，压制或牺牲自己的利益及意愿的冲突管理策略。此策略适用的情形有：①各自利益极端相互依赖，必须牺牲某些利益去维持正面关系；②力量过于悬殊，希望以让步换取维持自身利益或在未来其他问题上的合作；③己方缺乏使用其他策略处理冲突的能力；④己方对冲突结果的期望值很低或低度投资，采取消极的或犹豫不决的态度。

在企业进行文化冲突管理中实施此策略时，一方往往对另一方表现出屈从、让步，赞扬或恭维对方，愿意牺牲自己的利益而使对方达到目标，违心支持对方的意见、观点或主张，吸收、接纳对方文化，并按照其文化中的价值观、行为规范、道德准则行事等。迁就策略虽然能避免冲突升级，改善双方关系，但并不能长久解决问题，有时反而会被视为软弱。

（五）妥协策略

妥协策略指的是一种合作性和武断性均处于中间状态的策略，它既不追求自己利益的最大满足，也不全部满足对方的利益要求，而是冲突双方通过一系列的谈判、让步、讨价还价后寻找一种权宜的可被接受的解决方法，使双方获益在现有条件下达到最大。此策略的适用情形有：①冲突双方无一方有能力确保能赢，从而决定按各方的有限资源和利益来分配（结果）；②双方未来的利益有一定的相互依赖性和相容性，有某些合作、磋商或交换的余地；③双方实力相当，势均力敌，任何一方都不能强迫或压服对方；④时间过紧，需要一个权宜之计或希望对一项复杂问题取得暂时的解决办法时。妥协在双方都有达成一致的愿望时会很有效，但双方必须保持灵活应变的态度，相互信任。其缺点在于：妥协是有条件的，原则问题无法妥协，可能导致双方满足了短期利益，牺牲了长期利益，而且不能从根本上解决矛盾。当冲突双方的力量均衡、实力地位发生变化时，往往会推翻妥协方案，出现新的矛盾和冲突。

企业在跨国经营中遇上文化冲突时，面对文化冲突采取妥协方式，有意回避文化差异，求同存异，可以暂时实现企业内的和谐与稳定，改善和保持冲突双方的关系。但如果只是一味地妥协、退让甚至是无原则的妥协，可能引发更大的冲突，严重损害双方利益，最终影响双方的共同合作和发展。

值得注意的是，在以上五种策略中，没有哪一种是绝对有效的，更重要的是要与文化冲突的具体情景和跨国经营企业的具体情况相结合。各种策略的选择除了与冲突人的主观认知及行为特征有关外，更大程度上取决于冲突双方在冲突问题中所面临的形势和所处的地位。此外，冲突的策略选择还与冲突问题本身的性质有关。从长远看，由于冲突双方利益的相互关联性，在不是势力悬殊的文化冲突问题中，合作策略是冲突双方最希望采取的行动。

第六章　跨国经营中文化冲突管理的建议

一、跨文化培训

跨文化培训是防治和解决文化冲突的有效途径。当前我国跨国经营企业中，绝大多数都偏重对员工的纯技术培训，却忽视了对员工尤其是管理人员的跨文化培训。而跨文化培训恰恰是解决文化差异，搞好跨文化管理最基本、最有效的手段。它可以增强企业成员的跨文化意识，提高其心理素质，使受训人员认识文化差异，掌握不同的文化背景知识，学会与不同文化的人打交道，改变以往的文化偏见，从而在一定程度上减少或尽可能避免文化冲突。同时，跨文化培训还能帮助企业高层管理者认清市场，根据特定的市场文化调整企业的经营战略、减少企业的失误。培训方法有两种，一是利用企业内部的培训机构及培训人员进行培训，二是利用外部的培训机构如大学、科研机构、咨询公司等来对企业内部人员进行培训。

一般来讲，跨文化培训应包括以下几个方面：

（一）语言培训

在跨文化培训中，语言培训占有突出的地位。语言不仅是交流的工具，也是文化的载体。语言与文化是不可分割的。语言是人类行为中最基本的一个方面，是不同文化间存在差异的最明显标记，反映了每种文化的特征、思维过程、价值取向及其间的人类行为。学好一门语言离不开认识和把握一种文化，反过来，学习一门语言也有助于了解相应的文化。学习语言事实上等于学习一种文化。

我们应对企业成员尤其是管理者进行语言培训，包括东道国语言和基本商务语言——英语的培训。当今世界上的语言共 3000 余种，分属 11 种语系，其中超过 5000 万人口使用的有 13 种，在国际经贸活动中，使用最广的是英语，世界上约有 1/10 的人口以英语为母语，另外还有 7 亿人口以英语为第二语言，甚至绝大多数国际企业都以英语为企业的正式语言进行国际交往，包括许多非英语国家的企业，因此必须进行英语学习的培训。有时只掌握英语是不够的，还应该学习东道国的语言。如果跨国经营企业的管理者及成员了解当地语言，能使用当地语言进行交流，就可消除彼此的疏远感觉，增加亲切感，加强语言的说服力和影响力，进行有效的沟通交流，减少因语言障碍造成的文化冲突，促进相互合作关系的巩固和发展。

（二）文化敏感性和适应性的培训

文化敏感性（Cultural Sensitivity）指能够接受文化差异，并避免通过对抗性的方式来表现本国的文化。文化敏感性培训有两个主要内容：一是系统培训有关母国文化背景、文化本质和有别于其他文化的主要特点；二是培训对东道国文化特征的理性和感性分析能力。文化适应性包括工作适应性和社会适应性两个方面。工作适应性是指跨国经营企业的管理人员能在东道国子公司的新环境中很快建立新的工作关系，得心应手地处理日常经营管理问题；社会适应性是指对工作环境以外的社会环境，包括社会风俗、生活习惯、社会关系、人情观念等，有很强的适应能力，能应付外部环境的各种人际关系和复杂的政治经济问题。

文化敏感性和适应性培训的目的是为了训练员工对当地文化特征的分析能力，弄清楚当地文化如何决定当地人的行为，掌握当地文化的精髓，充分认识对方的不同价值观念和行为标准，以便对不同于自己母国的文化有足够敏感的警觉，从而使企业成员更好地应付不同文化的冲击，减轻他们在不同文化环境中的苦恼、不适应或挫败感，促进不同文化背景的人之间的沟通和理解。其具体措施是对不同文化背景的人或在不同地区工作的经理和员工进行多种文化培训，包括简短演讲、角色扮演、环境模拟、情景对话、实例分析、小群体讨论及实地考察等方式。

（三）文化自我意识的培训

文化自我意识的培训就是让受训者了解本国文化中的价值观、行为、态度以及证实文化对行为的影响。目的是培育受训者的宽广胸怀，使其摆脱狭隘的民族观念，淡化自己的民族身份，以克服“自我参照原则”（Self – Reference Criterion，SRC，即无意识地参照自己的文化价值观，并以此为标准来评价或衡量处于不同文化中的人的行为或事物)。文化自我意识培训可以提高受训者按照某种标准和原则来控制自己的思想、感情和行为的自觉性。这主要是通过学习其他文化形成受训者自己文化的过程。通过这一途径，受训者将逐渐获得自己文化以外的观念，并从自身文化价值观的感情束缚中解脱出来。文化的自我意识是对受训者自身文化的一种肯定。但文化的自我意识是一种经验性的学习，不是一下就能培养成的，只能通过与具有不同文化背景的个人之间的相互交往来实现，是一个点滴积累的、渐进的过程。

(四) 文化技巧的培训

文化技巧可以通过学习培训来掌握，高明的文化技巧使得人们即使不了解某种特定文化的详细情况，也能从容应对，占据主动。这些文化技巧包括设身处地理解他国人们的需要和差异，体现出对他国文化的认同；避免根据自己的价值标准去判断他国人民的行为；通过自己的言谈举止表现出对他国人民及其文化的尊重和兴趣；以积极乐观的态度对待文化差异以及由此遭遇的挫折和烦恼；多一点幽默感，对看不懂的事物则一笑了之；等等。

二、有效地进行跨文化沟通

实践证明，跨国经营企业要在国际市场占有一席之地，提高竞争力，实现有效的跨文化沟通是十分重要的前提。许多世界知名企业的管理者都将跨文化沟通能力看作是他们取得成功的关键。作为合资企业的成员尤其是管理人员，要把自己培养成具有优秀跨文化沟通能力的人必须做到：①能意识到自己的价值观和行为准则，自己所属文化的特征；②具备在不同的文化背景下灵活应变的能力；③对语言和非语言沟通具有较强的敏感性；④对其他文化中的价值观、信仰和风俗有所了解；⑤对同种文化中不同个体之间的差别能够及时察觉等。

美国学者萨姆瓦等曾提出一个比较权威的跨文化沟通模型，如图6－1所示。

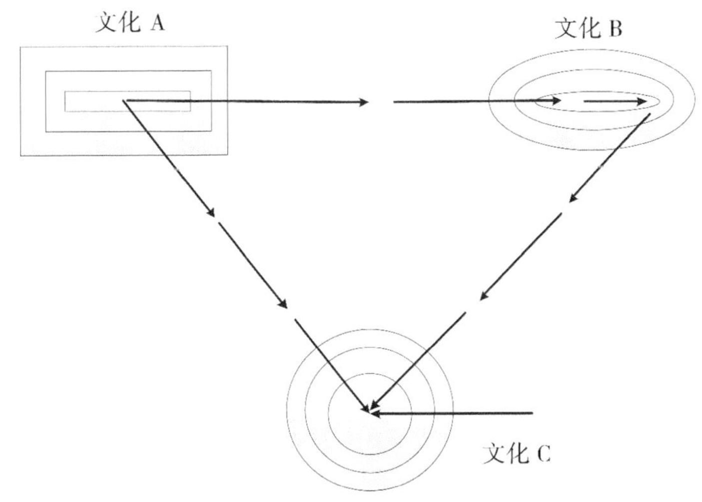

图6－1　跨文化沟通模型

在模型中，三种文化模式由三种不同的几何图形表示。它们之间的距离和形态代表文化模式之间的差异性。每一个文化图形的内部，有另一个图形代表该文化中的个人，跨文化的编码和解码由连接几个图形的箭头来说明，箭头代表文化之间的信息传递，箭头内的图案表示信息内的文化类别。

模型中展示了三种跨文化沟通的信息传递过程。文化 A 向文化 B 发出一条信息。箭头蕴含了文化 A 的相关信息。当箭头进入文化 B 的环境中时，由于文化对解码的影响，使箭头内的图案——原始信息的意义被修改了。同样，文化 A 与文化 C、文化 B 与文化 C 之间的信息沟通也符合此规律。三者的区别在于文化 A 与文化 B 之间有更多的相似性，所以两者的信息传递在概念和内容上更加相近；而文化 A、文化 B 与文化 C 的沟通则存在较大的差异性，这是由它们之间文化的差异性决定的。

在跨国经营企业中的跨文化沟通中，掌握和运用下列跨文化沟通方法和技巧有助于跨越文化障碍，减少曲解和误会，实现良好的沟通和交流。

（一）培养深层次的跨文化理解力

跨文化理解是有效跨文化沟通的前提。没有跨文化理解，就谈不上跨文化沟通。跨文化理解具有两层最基本的含义：一是要了解、理解自身文化。对自己的文化模式，包括其优缺点的演变的理解，促使所谓文化关联态度的形成。这种文化的自我意识，使人们在跨文化交往中能获得识别自己和有关其他文化之间存在的文化上的类同和差异的参照系。二是善于文化移情（Cultural Empathy），理解他文化。文化移情即设身处地去认识和理解处于不同文化的人们的思维和行为方式的能力。这一概念从实质上揭示了人们是否具有客观了解别人如何看待世界的概括能力。它要求人们不仅摆脱本土文化的约束，从另一个不同的参照系反观原来的文明，而且要对他文化采取一种超然独立的立场，给予足够的重视。

在跨文化沟通中，要消除成见，消除种族优越感和民族中心主义的偏见，学会容忍不同的文化差异，试着去适应别人的思维架构，尊重别人的意见和观点，努力避免从自己的文化角度出发评论他人的言论和行为，避免武断判定是非曲直；同时要学会保留自己的判断，并努力迎合对方的观点。无论是否同意对方的意见和观点，都要学会尊重对方，给对方说出意见的权利，同时将自己的观点更有效地与对方进行交换。双方都不能把自己的观点强加到对方身上，更不能因不同意对方的观点而对其横加指责。

（二）正确运用语言，注意非语言信息

实现高效无误的跨文化沟通，在语言运用方面要注意两点：一是要正确地运用语言。①要注意用词准确及词语的特定含义，所用的语言文字要明确易懂，能清晰、准确、恰当地表达传递信息的内容，同时传递形式要能够被接收者理解。②语言文字要规范化，不用偏词怪词，不使用含混不清的词语、双关语、地方方言、俚语或专业性术语来表达信息，同时信息接收者必须正确理解信息中的语义，避免自己通过主观臆断来理解别人的话。③要尽量使用短句，少用长句，条理要清楚，要有层次地深入。④在沟通中，语言要真挚动人，具有感染力。二是要注意非语言信息。在沟通中，非语言信息的主要作用有：①辅助言语沟通，使其所要交流的信息更明白易懂，使沟通的效果更好；②更能显示出一种真实性，特别是情感上的真实性。如果只注意语言信息，忽视了非语言信息，往往会降低沟通的效果。对于发送者来讲，必须确保发出的非语言信息能强

化语言的作用；对于接收者来讲，则要密切注意对方的非语言提示，保持对其“弦外之音”的敏感，注意其表情、手势、眼神等非语言信息所表达出的感情，判断是否支持他所做的语言沟通，从而深入、准确地挖掘其真实的内心意图，全面理解对方的思想情感。高明的接收者精于察言观色，窥一斑而知全貌。当然，这些必须建立在对对方文化的深入了解和高度敏感性的基础上。

（三）换位思考，充分利用反馈机制

换位思考即站在对方的立场，充分了解对方的观点，用别人的观点和感情看待问题、考虑问题。换位思考需要发送者将他们自己放在接收者的位置上，预测信息如何能够被解码。在跨文化沟通中，掌握和运用换位思考能力，可以提高对接收信息的敏感度，准确了解信息传递的真实目的，去除和过滤信息传播过程中产生的误差，把握信息内容的核心与关键。同时可以更加明确地了解对方的需求，及时传递自己的想法，提出具体的要求，提高沟通的效率。

此外，还应该建立并充分利用反馈机制，因为只有通过反馈，确认接收者接收并理解了发送者所发送的信息，沟通过程才算完成；发送者要检验沟通是否达到目标，也只有通过获得接收者的反馈才能确定。充分利用反馈机制，可以及时发现沟通中存在的问题，纠正错误，改进沟通方法，将沟通中信息被曲解或误解的程度降到最低。当然，反馈的方式多种多样，发送者可以通过提问、聆听的方式来获得反馈信息，也可以通过观察、感受等方式来获得反馈信息。

（四）培养倾听的艺术

沟通是双向的活动，有效的沟通建立在相互理解的基础上。尤其是在跨文化沟通中，更需要培养倾听的艺术，做到积极、主动的倾听。这就要求沟通双方站在对方的立场上，运用对方的思维架构去理解信息。倾听者在听时要对信息进行积极的搜寻、理解和思考，要有主动精神，培养良好的倾听习惯。一般来说，要做到积极倾听，需要遵守以下基本原则：专心、移情、客观、完整。专心就是指要认真倾听对方所要表达的内容及细节；移情就是指在情绪和理智上都能与对方感同身受；客观就是指要切实把握沟通的真实内容，而不是迅速地加以价值评判；完整即对沟通的内容有完整的了解，而不是断章取义。

美国心理学家戴维斯提出了有效倾听的十项因素，主要包括：①少讲多听，多保持沉默，不要打断对方讲话；②设法使交谈轻松，使讲话人感到舒适，消除拘谨不良情绪；③表示对谈话有兴趣，不要漫不经心、冷漠；④尽可能排除干扰；⑤站在对方立场上考虑问题，表现出对对方的同情心；⑥要有绝对的耐心，不要随便插话；⑦控制情绪，保持冷静；⑧不要与对方争论或妄加评论；⑨提出问题以显示在充分注意和求得了解；⑩仍是少讲多听。

三、管理本土化

越来越多的跨国经营企业已意识到管理本土化对于在异国投资

经营取得成功的重要性。管理本土化可以很好地避免文化冲突，调和文化冲突，提高管理工作的效率，便于企业顺利开展业务。其含义是指跨国经营企业在生产经营过程中，利用东道国的物质、人才等资源，在当地进行生产销售活动，同时尊重当地社会文化习俗，遵守东道国的政策、法规，承担东道国的社会责任，为东道国的发展做出贡献。管理本土化战略除了包括尽可能雇佣本地员工，培养他们对企业的忠诚以外，最重要的是聘用能够胜任的本地管理人员，特别是中高级管理人员。管理本土化要求企业在制定中长期计划时，应确立当地人才的使用、培养和考核等一系列内容的具体目标和实施细则，大胆任用当地的优秀人才，并适时提拔条件成熟的当地职员，委以重任。

对于跨国经营企业来讲，实施管理本土化策略具有以下优点：

（1）当地人员熟悉本地语言、文化、政治、经济及法律环境，没有语言障碍和文化隔阂，可以利用已有的业务关系和各种社会关系，尽快打入当地市场，避免因文化差异造成的经营管理方面的问题。

（2）雇佣当地员工和管理者，便于管理者开展各项工作，有利于上下级的沟通交流和协调配合，避免文化冲突，保证各项工作顺利进行。同时，这也为本土员工的晋升和实现自身价值提供了明显的渠道，具有很强的激励作用，可以激发员工的责任感和工作热情，调动员工的积极性和创造性。

（3）人事成本低。与任用母国人员或第三国人员相比，管理本土化的费用较低，降低了企业的经营成本。企业不必对员工进行语言、文化方面的培训以及管理人员及其家属的跨文化调整问题，可以充分利用当地工资水平较低的条件招聘高质量的工作人员，尤其是在发展中国家更是如此。如果外派经理或任用本国人员，则在成本开支上涉及更多的因素，如培训费用、离家和旅行补贴、工作调动与搬迁费、子女教育津贴等，这些将大大增加企业跨国经营的成本开支。

（4）易于同东道国各方面的成员建立良好关系，树立良好的企业形象。管理本土化一方面可以解决当地的就业等问题，使企业易于同当地政府、工商界等进行有效的沟通和交流，取得他们的信任和支持，便于开展各种公关活动；另一方面更易于同客户和顾客打交道，同他们建立良好关系，使企业的战略、策略更符合当地社会和市场的实际情况，避免经营决策失误。

（5）东道国管理人员会比母国经理或第三国经理任职时间长，避免管理人员的频繁更换，保证企业管理人员的稳定性和经营政策的连续性。

（6）使跨国经营企业在东道国敏感的政治形势中，以一种不太引人注目的形象存在，缓和东道国民族主义情绪和政府干预的压力，改善企业的外部经营环境。

四、培养高素质的企业管理人员

在跨国经营企业的文化冲突管理中，企业的管理人员尤其是高层管理者的素质高低在一定程度上决定着文化冲突管理的成败。他们是否具备一些应对文化冲突的特殊素质，是否对文化冲突有一个客观、深刻的认识，是否能以科学的方法来引导、管理文化冲突，决定着跨国经营企业管理的成败。然而，在实际生活中，有相当一部分管理人员并不具备应对、管理文化冲突的必备素质，甚至根本没有意识到文化冲突问题，只是带着很大的主观性和随意性去判断是非、解决问题。因此，必须提高跨国经营企业的管理人员的综合素质，培养高素质的企业管理人员。

对于跨国经营企业的管理人员来讲，除了要具备如管理能力、业务能力、责任感和创造性等的重要素质以外，还应着重培养以下特殊素质：

（一）文化移情能力

文化移情能力是对处于不同文化的人们的思维和行为方式的理解能力。文化偏见是跨文化交流中普遍存在的问题，人们往往不知不觉地接受本民族的文化规范而对其他文化持有偏见。因此，跨国经营企业的管理者必须具备多元文化环境的适应能力，在心理上对各种文化具备较强的包容性，感情上不歧视任何文化环境，对文化环境具备敏感性，能感受到不同文化之间的细微差异，以尽量减少跨文化交流中普遍存在的文化偏见问题，与员工建立良好的人际关系，增强企业内部的凝聚力。

（二）外交技能

跨国经营企业的管理人员必须善于与东道国的各种组织和人打交道，同他们建立良好的合作关系。他们必须懂得如何向东道国的工商界人士、政府官员和政党领袖们宣传本企业的经营宗旨和观念，以取得东道国各方面的理解、信任和支持；他们必须精于各种谈判，尤其是与东道国政府有关部门谈判，使企业在东道国获得优惠的待遇。这种外交技能在属于发展中国家的东道国中尤为重要。

（三）适应性和灵活性

跨国经营企业的管理人员在东道国新的文化环境中生活，经常会遇到所谓的“文化休克”（Culture Shock），对新的文化环境迷惑不解或感到不适。对此，管理人员应有足够的思想准备和调节能力，能够尽快适应新环境和新形势，能够灵活地对待和处理因文化差异而带来的经营管理问题。美国管理协会（American Management Association）曾在这方面做过专门研究。结果表明，跨国经营企业的经理人员必须能做到以下几点：高度地与其他人、其他文化和其他种类的经营活动相结合；适应变革，感受东道国的发展，对差异做出评价，对影响企业业务活动的因素作定性和定量分析；在不同的组织中从不同的角度解决问题；敏锐地觉察不同国家在工业、文化、政治、宗教和伦理方面的差别；在缺乏帮助和存在信息差异的情况下灵活地进行经营管理。这五条是与文化移情能力紧密联系在一起的。如果一位管理人员不具备文化移情能力，就不可能在不同的环境中具备必要的适应性和灵活性。

（四）语言能力

对于跨国经营企业的管理人员来讲，熟练掌握东道国的语言是非常重要的。如果在工作中，管理人员完全依赖翻译，必然有许多的不便和额外的麻烦，影响与其他人员的沟通和交流，对其开展工作造成一定的负面影响。由于语言和文化的不可分割性，管理人员在学习语言的同时，也可以了解该国的文化。另外，管理人员还应具备心理上的稳定性和成熟性，以便能够在复杂多变的国外环境中沉着坚定地把握住机会，应对各种挑战，从而赢得经营管理的成功。

五、构建新的企业文化，逐步实施文化融合

跨国经营企业文化冲突的管理目标是构建新企业独特的企业文化，逐步实施文化的交融和融合，最终实现“文化合金”。要实现这个目标，应从以下几个方面努力：

（一）识别文化差异，发展文化认同

识别文化差异，是为了更好地处理异质文化之间的关系，以采取针对性的措施解决文化冲突。一方面要学习和调查东道国的语言、宗教、风俗习惯、法律法规、价值取向及审美观念等，找出与本国文化之间存在哪些差异，这些差异主要表现在哪些方面，并且要分析这种差异对企业的经营管理可能造成的现实或潜在的影响；另一方面要对合作的企业进行全面的认识，挖掘该企业文化中的优势与不足，客观评价合作企业文化的特质并对其正确归类。

不同类型的文化差异可以采用不同的克服措施。文化人类学家爱德华·霍尔（Edward Hall）把文化分为三个层次，即正式规范、非正式规范和技术规范。不同规范的文化所造成的文化差异和文化

冲突的类型和程度是不同的。正式规范是人的基本价值观，判断是非的标准。其特征是有一套无人争辩的原则。人们用“你不能干那件事，你要干这件事”这样的特殊方式教别人这套原则。正式规范变化很慢，它能抵抗来自外部企图改变它的强制力量，因此正式规范引起的冲突往往不易解决。非正式规范包括那些没有专门定义的，但通过观察别人、学习范例而获得的态度、习惯等，如人们的生活习惯和风俗等。非正式规范引起的文化冲突可以通过较长时间的文化交流来克服。技术规范在文化三层次中，最能用言语表示、最明确。学习技术规范是从教师向学生的单方向技术转移。学习技术规范和技术规范本身都与个人感情的关系极少，它可通过人们技术知识的学习而获得，很容易改变。

同时，要在识别文化差异的基础上，发展文化认同。文化认同即对他方的文化给予足够的理解、承认和尊重。它主要包括三点：一是文化上求同存异，即暂时搁置不同文化之间存在的差别，积极寻求两种文化的共同点。当然，要做到文化上求同存异，冲突双方文化的地位应是平等的，而不是采取盛气凌人的姿态。二是相互适应，即在冲突中努力适应对方文化，相互学习，取长补短，通过学习不断地提升自己的适应性。三是消除思维定式，克服民族中心主义或种族优越感，尽可能地做到客观公正地评价、判断对方的文化价值观、道德及行为准则等。

（二）整合新的企业的价值观

价值观是企业文化的核心，决定着其他层面的文化。对于跨国经营企业来说，价值观的整合是解决文化冲突的有效方式。它主要是指不同文化间的沟通、融合，达到减少或消除文化冲突的目的。

在企业跨国经营中，价值观整合好了，其他层面的文化整合就迎刃而解了。相反，若价值观的冲突得不到解决，则其他层面的文化摩擦和冲突无法从根本上改变。价值观的整合与重塑必须立足企业的实际，既要积极倡导互动式学习，不断通过批评、信息反馈和交流，达到价值观的认同，又要大力弘扬创新精神，引导企业员工冲出各自狭小的文化圈，积极主动地超越和完善自我，达成思想上的共识和行动上的协同。

（三）逐步实施文化融合，最终实现“文化合金”

逐步实施文化融合，最终实现“文化合金”是企业跨文化管理的目标，也是正确解决处理文化冲突、构建新的企业文化的最终结果。“文化合金”是跨文化管理的最高层次，也是经实践证明最有效的方式。它是指不同背景、不同形态的两种文化或者文化因素之间通过相互接触、交流、吸收、渗透，选择各自精华的部分紧密结合，融为一体，成为兼容性强、多元的“合金”。它不是以哪一种文化为主体，而是两种文化直接融合。具有这种性质的文化可以兼容更多的文化，适应更多不同文化的环境，具有普遍推广的能力。

但是，将跨国经营企业中各种文化逐步加以融合，最终实现“文化合金”，形成其独特的企业文化是一个无形的、渐进的过程，要有计划、有步骤地分阶段实施。这个过程是复杂、困难和漫长的过程，一般需经过冲突期、交汇期、融合期三个阶段，最终才能达到文化融合。

第一个阶段是冲突期。在冲突期，外来文化和本土文化的差异和冲突首先表现在心理上，对对方文化产生排斥和抗拒，这是不可避免的。这种冲突自双方合作开始时就会出现。冲突期是不同文化“初期接触”的必然反应，这个时期的文化冲突处理得好不好，将影响企业管理工作的顺利进行，也影响两种文化的交汇与融合。在冲突期，来自不同文化背景的企业管理人员要认识到对方文化与己方文化的差异，从而表现出对文化的理解和尊重，要认识到尊重对方文化就是尊重对方个人，因为尊重对方文化是双方心理沟通的桥梁、文化沟通的桥梁，有了这座桥梁，才能对他方的民族性、国民性、行为方式、人格价值取向、风俗习惯有进一步的了解，从真正意义上尊重对方的人格，体会和捕捉到对方的观点及在不同文化理念引导下的表达方式，达到真正的合作。

第二个阶段是交汇期，即两种文化相互渗透的时期。在这一时期，人们能够对他方文化进行接纳和认可，对来自不同文化背景的管理者的观念和行为方式能够表示理解、体谅和支持。既能看到自身文化的优点，看到对方文化的不足，又能认清自身文化的缺陷，对方文化的长处，形成相互学习，取长补短的局面。

第三个阶段是融合期，即跨文化的全面交融期。不同的文化彼此塑造对方，各种文化要素之间相互渗透、相互吸收、互为表里，最终融为一体，实现“文化合金”。跨国经营企业在文化共性认识的基础上，根据环境的要求和企业战略发展的需要建立起共同的经营观和企业文化，使之成为维系不同文化背景员工的共同行为准则，使得每个员工都能够把自己的思想与行为同企业的经营宗旨和战略目标结合起来，自觉地为实现企业的经营发展目标而努力。

同时，我们应当认识到以下几点：第一，跨国经营企业中的文化融合是必然的，但并非自发进行的。企业文化作为一种意识形态，具有较强的历史延续性和变迁的迟缓性。管理者必须时刻关注文化的变化，并积极主动地推动文化的变革和融合，才能使企业真正形成兼收并蓄、集各种文化之所长的文化合金。第二，文化融合并非机械进行，不是各种文化要素的机械相加，而是在原有文化个性的基础上，相互比较、吸收和补充，生成一种新的文化质。第三，文化融合并非一日之功，一日见效，应持之以恒，长期努力。要在不断的探索实践中，找到一条真正适合企业自身情况的跨文化管理道路，并坚定不移地贯彻实施下去，才能达到预期的效果和目标。

本章首先阐明了跨国经营企业中文化冲突管理应遵循的四个基本原则——文化对等原则、权变原则、人本原则和平等互惠原则，其中文化对等原则是首要的原则。其次运用托马斯的冲突管理二维模型分析了跨国经营企业中文化冲突管理可以采取的五种基本策略，分别是竞争策略、回避策略、合作策略、迁就策略和妥协策略，同时分析了各个策略的适用情形及其优缺点，指出在大多数情况下合作策略是冲突双方最希望采取的行动。从具体的方法上讲，可以采取跨文化培训、有效进行跨文化沟通、管理本土化、培养高素质的企业管理人员及构建新的企业文化等措施在企业中实施跨文化冲突管理。构建新企业文化，逐步实施文化融合，最终实现“文化合金”，构建新企业独特的企业文化是企业跨文化管理的最终目标和最终结果。当然，这个目标的实现需要各方面人员长期不懈的艰苦努力。

参考文献

[1] 安德鲁·杜伯林．管理学精要［M］．北京：电子工业出版社，2003.

[2] 彼得·康戴夫．冲突事务管理——理论与实践［M］．北京：世界图书出版公司，1998.

[3] 陈国卉，黎熙元，陆何慧薇．中国“三资”企业中的文化冲突与文化创新［J］．社会，2005（3）.

[4] 崔佳颖．组织的管理沟通［M］．北京：中国发展出版社，2007.

[5] 陈琼华．在华合资企业跨文化管理战略要素研究［D］．南京航空航天大学博士论文，2008.

[6] 陈亭楠．现代企业文化［M］．北京：企业管理出版社，2003.

[7] 陈天祥．人力资源管理［M］．广州：中山大学出版社，2001.

[8] 陈晓爱．中外合资企业文化整合问题研究［D］．南昌大学硕士论文，2007.

[9] 陈晓萍．跨文化管理［M］．北京：清华大学出版

社，2005.

[10] 陈媛媛．文化冲突与企业跨文化管理探析 [J]．北方经贸，2006 (2).

[11] 蔡钟明．非普遍的“普遍主义”——对美国管理普遍性的质疑 [D]．上海：华东师范大学硕士论文，2006.

[12] 岛津昌吾．基于跨文化融合的在华日资企业人力资源管理本地化策略研究 [D]．上海交通大学硕士论文，2006.

[13] 董琳，黎永泰．中—欧合作企业中的文化差异与跨文化管理策略研究 [J]．四川大学学报，2009 (3).

[14] 段明明．当法国管理理念碰到中国文化——企业中的权威观 [J]．华东经济管理，2010，24 (7).

[15] 方光罗．企业文化概论 [M]．大连：东北财经大学出版社，2002.

[16] 高慧颖．论跨文化背景下的人力资源管理 [D]．华北电力大学硕士论文，2006.

[17] 顾智敏，阮来民．管理学基础 [M]．上海：立信会计出版社，2003.

[18] 翟海燕，杨海儒．对中外合资企业跨文化人力资源管理的思考 [J]．商场现代化，2006 (10X).

[19] 黄培伦．组织行为学 [M]．广州：华南理工大学出版社，2001.

[20] 贾春峰．文化力启动经济力 [M]．北京：中国经济出版社，2001.

[21] 贾强．文化制胜：如何建设企业文化 [M]．沈阳：沈阳

出版社，2002.

［22］康青．管理沟通［M］．北京：中国人民大学出版社，2009.

［23］罗宾斯．组织行为学［M］．北京：中国人民大学出版社，2005.

［24］刘光明．企业文化［M］．北京：经济管理出版社，2002.

［25］林功实，黄新华，周焕鹏．中外合资企业管理基础：投资·组建·经营［M］．北京：清华大学出版社，1996.

［26］刘健．中外合资企业跨文化管理策略与应用［D］．对外经济贸易大学硕士论文，2009.

［27］李晶，李敏．文化差异对合资企业人力资源管理实践的影响［J］．商业现代化，2008（5）.

［28］李建设．现代组织学［M］．杭州：浙江教育出版社，1998.

［29］刘可夫，陈方园．在华外资企业跨文化沟通解决方案分析——以 NEC 为例［J］．经济研究参考，2010（40）.

［30］罗岷．管理学［M］．北京：机械工业出版社，2006.

［31］刘维波．试论中外合资企业管理的跨文化整合［D］．重庆：重庆大学硕士论文，2007.

［32］李曦峰，张静．企业跨文化管理问题探析［J］．科技情报开发与经济，2004，14（11）.

［33］李燕萍，鲁军．文化差异对人力资源开发与管理的影响——中法合资企业的人力资源开发与管理［J］．科技进步与对

策，2002，19（6）.

［34］李源泉．跨文化冲突中的企业文化建设［D］．合肥工业大学硕士论文，2009.

［35］马述忠．国际企业管理案例［M］．杭州：浙江大学出版社，2009.

［36］彭世勇．外资企业内工作冲突分布的跨文化意义［J］．大连理工大学学报，2003，24（3）.

［37］乔明哲，陈德棉．跨文化团队内部冲突及其管理策略研究［J］．科技管理研究，2010，30（4）.

［38］单合艳．合资企业文化差异与跨文化管理研究［D］．西北大学硕士论文，2010.

［39］邵津．BAC公司跨文化冲突管理研究［D］．西安理工大学硕士论文，2007.

［40］张英娜．跨文化企业人力资源管理整合模型研究［D］．中国海洋大学硕士论文，2006.

［41］石伟．组织文化［M］．上海：复旦大学出版社，2004.

［42］宋亚非．国际企业管理学［M］．大连：东北财经大学出版社，1999.

［43］田晖．中外合资企业中的文化价值观与冲突管理策略［J］．求索，2006（11）.

［44］田晖，陈晓红．中外合资企业跨文化冲突与绩效关系实证研究——基于中国合资企业的数据［J］．系统工程，2009（10）.

［45］谭力文．国际企业管理［M］．武汉：武汉大学出版

社，2002.

［46］唐炎钊．“CCIOT”模型：中外合资企业跨文化管理研究新视角［J］．经济管理·新管理，2004（12）.

［47］魏江．管理沟通：理念与技能［M］．北京：科学出版社，2001.

［48］王晓辉，尹洪根．中法合资企业的跨文化冲突与管理［J］．对外经济贸易大学学报，2003（5）.

［49］魏延军．权变管理［M］．北京：企业管理出版社，2000.

［50］王战，吴超．中外合资企业中的跨文化冲突及其对策——以武汉神龙汽车有限公司为例［J］．武汉理工大学学报，2009，22（5）.

［51］应焕红．公司文化管理——永续经营的动力源泉［M］．北京：中国经济出版社，2001.

［52］严进．组织行为学［M］．北京：北京大学出版社，2009.

［53］余建年．跨文化人力资源管理［M］．武汉：武汉大学出版社，2007.

［54］于凯成．组织行为学［M］．大连：大连理工大学出版社，2001.

［55］于绍东．中外合资企业跨文化冲突管理影响因素研究——以中美合资企业为例［D］．中南大学硕士论文，2008.

［56］俞文钊，严文华．整合同化理论与跨国公司的跨文化管理［J］．人类工效学，2000（4）.

[57] 姚艳红，袁凌．人力资源管理 [M]．长沙：湖南大学出版社，2003.

[58] 原毅军．跨国公司管理 [M]．大连：大连理工大学出版社，2001.

[59] 张仁德，霍洪喜．企业文化概论 [M]．天津：南开大学出版社，2001.

[60] 张少波．中外合资企业内部冲突研究 [D]．苏州大学硕士论文，2005.

[61] 赵曙明．国际企业：人力资源管理 [M]．南京：南京大学出版社，2005.

[62] 赵晔．企业的跨文化管理 [J]．党政干部学刊，2008 (6).

[63] 周有斌，齐卫国．论中西企业文化的冲突与融合 [J]．企业家天地，2008 (7).

[64] 周悦娜．文化的冲突与弥合——跨文化交际中的文化冲突研究 [D]．浙江大学硕士论文，2007.

[65] Adler N. J. Organizational Development in a Multicultural Environment [J]. Journal of Applied Behavioral Science, 1983, 19 (19).

[66] Bion W. R. Experience in Groups [M]. New York: Basic Books, 1959.

[67] Black K. A. Gender Differences in Adolescent's Behavior During Conflict Resolution Tasks with Best Friend [J]. Adolescence, 2000, 139 (35).

[68] Bsino H. Managing Conflict [M]. Beverly Hills: Sage Publications, 1988.

[69] Cosier R. A., Dalton D. R. Positive Effects of Conflict: A Field Assessment [J]. The International Journal of Conflict Management, 1990, 1 (1).

[70] Gross M. A., Guerrero L. K. Managing Conflict Appropriately and Effectively: An Application of the Competence Model to Rahim's Organizational Conflict Styles? International Journal of Conflict Management, 2000, 11 (3).

[71] Hofstede Geert. Cultural Constraints in Management Theories [J]. Academy of Management Executive, 1993, 7 (1).

[72] Hofstede Greet. Identifying Organizational Subcultures: An Empirical Approach [J]. Journal of Management Studies, 1998, 35 (1).

[73] Kilgour D. M., Hipel K. W., Fraser N. M. Solution Concepts in Non-cooperative Games [J]. Large Scale System, 1984.

[74] Morrill C., Thomas C. K. Organizational Conflict Management as Disputing Process. The Problem of Social Escalation [J]. Human Communication Research, 1992, 18 (3).

[75] Nicotera A. M. Conflict and Organization: Communicate Process [M]. New York: State University of New York Press, 1995.

[76] Palmer Jesse. Conflict Resolution: Strategies for the Elementary Classroom [J]. Social Studies, 2001, 92 (2).

[77] Thomas J. E. Organizational Conflict: Strategic Intervention

Points [J]. Journal of the Society of Research Administrators, 1980.

[78] Trompenams F., Hampden. Turner. Riding the Waves of Culture: Understanding Cultural Diversity in Business [M]. Nicholas Brealey, 1997.

后 记

随着世界经济一体化进程的加快，企业的跨国经营进入了一个新阶段，企业的生产经营活动既是一种经济活动，也是一种文化活动。在经营和管理过程中，双方之间的文化冲突是不可避免的。一方面，这些文化冲突如果不能得到有效的解决和防范，一定会给企业的经营管理造成多方面的不利影响，造成企业效率降低；另一方面，正是由于这些文化冲突的存在，企业文化才有了进步的动力。本书以跨国经营企业为研究对象，针对这类企业中普遍存在的文化冲突问题进行了较深入的探讨，阐述了原因、特点和影响，并提出了跨国经营企业在进行文化冲突管理时应遵循的基本原则及策略、方法等，最终得出了以下几点基本结论：

（1）对于跨国经营的企业来讲，文化冲突是一把“双刃剑”，对企业成员及合资企业既有消极的影响，又具有积极的作用。因此，企业的经营管理者必须以科学的态度和方法对待、管理文化冲突，使文化冲突为企业的经营发展所用。

（2）跨国经营企业的文化冲突管理应遵循文化对等原则、权变原则、人本原则、平等互惠原则四个基本原则，其中文化对等原则是首要的原则。文化冲突双方在文化冲突中应互谅互让，相互理解和尊重，在共同的合作发展中谋求双方的共同利益。否则，最终只会损害双方的共同利益。

（3）跨国经营企业的文化冲突管理可以采取竞争、回避、合作、迁就和妥协五种基本策略，但这五种策略没有哪一种是绝对有效的，重要的是要与文化冲突的具体情景和合资企业的具体情况相结合。从长远看，由于文化冲突双方利益的相互关联性，在大多数情况下，合作策略是冲突双方最希望采取的行动。

（4）构建新的企业文化，逐步实施文化融合，最终实现"文化合金"是企业跨文化管理的目标，也是正确解决处理文化冲突的最终结果。虽然文化的融合是必然的，但并非自发进行的，一日见效的，管理者必须时刻关注文化的变化，并积极主动地推动文化的变革和融合。

虽然本书试图将文化冲突问题进行深入分析、探讨，以期为我国企业在跨国经营时应对文化冲突提供一定的理论和实践参考。但由于时间和个人理论水平的限制以及本人知识水平、实践经验的局限，本书的研究还存在着很多不足之处，有很多地方还有待进一步的深入研究。

随着我国加入 WTO 以及对外经贸关系的进一步开拓和发展，我国企业"走出去"成为国际化的企业是一个必然的趋势和潮流，企业的文化冲突问题是任何企业不可避免的重要问题。但就我国企业发展的现状来看，大量企业因为不能恰当处理文化冲突双方之间的矛盾和冲突，尤其是文化方面的差异和冲突，导致彼此之间相互对立、困难重重，企业往往以失败而告终。实践问题是理论研究的重要推动力。我国企业中面临的种种问题必然引起理论界和管理学者的广泛重视，推动合资企业文化冲突管理研究向纵深发展。因此，随着理论和实践的发展，随着越来越多的理论工作者和实践工作者对此领域的摸索和探讨，我们必将找到一条既适合我国国情和文化背景又高效的文化冲突管理的道路。